1

Alexander Pérez

LOS 7 HÁBITOS DE UN EMPRENDEDOR DIGITAL

Forjando lideres del futuro

TABLA DE CONTENIDO

INTRODUCCIÓN

"Somos lo que Hacemos Dia a Dia. De Modo que La Excelencia no es un Acto, sino un Hábito" Aristóteles Básicamente nuestro carácter está compuesto por nuestros hábitos. "Siembra un pensamiento, cosecha una acción; siembra una acción, Cosecha un hábito; siembra un hábito, cosecha un carácter; siembra un Carácter, cosecha un destino". Los hábitos pueden aprenderse y olvidarse, pero para romper tendencias habituales profundamente arraigadas tales como la indecisión, la impaciencia, la crítica o el egoísmo que violan los principios básicos de la efectividad humana, se necesita algo más que un poco de fuerza de voluntad. ¿Qué son los hábitos? Son cualquier comportamiento repetitivo regularmente, que requiere de un pequeño o ningún raciocinio y es aprendido. En otras palabras, es cuando una persona hace algo de la misma manera, una y otra vez hasta que se realiza automáticamente sin esfuerzo o planeación. Los hábitos incluyen tanto actitudes como acciones. Una actitud es una inclinación permanente a reaccionar en cierta manera cada vez que respondemos a una situación determinada. ¿Cómo se forman los hábitos? Nadie nace con ellos, se adquieren, no suceden sin ser ocasionados. Cada persona suele moldear continuamente su forma de ser y de actuar, de acuerdo a la influencia que recibe del medio que lo rodea; en la casa, en la escuela, en el trabajo, con los amigos. Con todo esto vamos construyendo nuestra identidad, estilo de vida y rol que ocupamos en la sociedad. Los hábitos estarán presentes en toda situación o actividad de la vida y los mismos pueden ser modificados por las experiencias del medio. Tipos de hábitos: si clasificamos los hábitos, muy buenos y malos. Cuando nos referimos a los buenos hábitos, hablamos de virtudes, si nos referimos a los malos hábitos hablamos de vicios.

Malos hábitos: Esto todo aquello que limita el crecimiento y es un freno que no permite evolucionar, no te permite llegar a ser una mejor persona. No te deja revelar tu verdadero ser. En un principio pueden resultar muy atractivos, por lo cual resulta muy fácil adquirirlos principalmente cuando una persona se deja llevar por la satisfacción inmediata, sin embargo, a la larga las consecuencias son desastrosas para la vida de una persona, arrastrándola a situaciones muy problemáticas, accidentes, enfermedades graves o la muerte. Algunos malos hábitos son: quedarse recostados hasta tarde, fumar, comer en exceso, tener mentalidad de víctima, ser negativo, ser muy crítico, llegar siempre tarde, difamar, hacer las cosas a última hora, enojarse antes de buscar la solución a las cosas, mentir, envidiar, tener resentimiento, querer vencer haciendo sentir a los demás perdedores. Buenos hábitos Es todo aquello que posibilita tu crecimiento, te permite mejorar, madurar y alcanzar tus objetivos o metas.

Los hábitos positivos pueden parecer al principio aburridos para algunas personas, sin embargo, los beneficios a largo plazo son extraordinarios. Los hábitos se eliminan y construyen reemplazando uno por otro, paso a paso, peldaño a peldaño. Hay que sembrar y cultivas primero para luego recoger la cosecha. Los hábitos son creados como consecuencia de la intercesión entre el conocimiento, capacidades y el deseo. El conocimiento es el qué hacer, y porque hacerlo, la capacidad es el cómo hacerlo y el deseo es la motivación, el querer hacerlo. Los sietes hábitos del "Maestro de Maestros", Stephen Covey, son hábitos de efectividad. Estos hábitos centrados en principios y valores van a construir el cimiento para el desarrollo de un Negocio Digital próspero y duradero. Si usted tiene el deseo de adquirir el conocimiento y si pone este conocimiento en práctica día tras día, estos principios se convertirán en un hábito que lo harán en un empresario EFICAZ. Estos hábitos con el tiempo se convierten en la base del carácter y crearán los mapas correctos a partir de los cuales usted podrá resolver con efectividad los problemas que se presenten, maximizando las oportunidades. Aprenda, practique

1

continuamente estos 7 hábitos en un espiral de desarrollo continuo y ascendente.

Hábito 1

Ser Proactivo

Proactividad

No significa solo tomar la iniciativa; significa que como seres humanos somos responsables de nuestras propias vidas. Nuestra conducta es una función de nuestras decisiones, no de nuestras condiciones. Tenemos la iniciativa y la responsabilidad de hacer que las cosas sucedan.

Responsabilidad

Responder + la habilidad para elegir las respuestas. Las personas proactivas reconocen esa responsabilidad. Nuestra conducta es producto de nuestra propia elección y se basa en los valores. Las personas proactivas llevan consigo su propio clima. Su respuesta a los estímulos externos está determinada por sus "Valores". Su fuerza impulsiva reside en estos y su valor es hacer un trabajo de buena calidad.

Conducta Proactiva

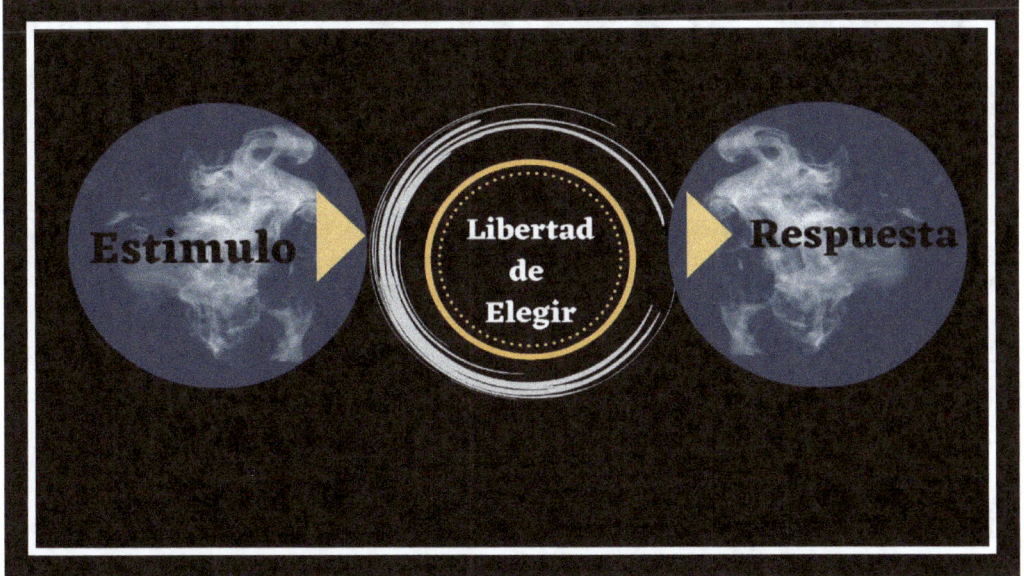

Conducta Reactiva

Las personas reactivas se ven afectadas por su ambiente físico. Si las cosas están bien, se sienten bien; si no lo están, se afectan sus actitudes y comportamiento. La persona reactiva se ve afectada por el ambiente social. Por el clima social. Cuando se les trata bien, se sienten bien; cuando se les trata mal se vuelven defensivos o auto protectores.

Construyen sus vidas emocionales en torno a la conducta de los otros, permitiendo que los defectos de otras personas los controle. Son impulsados por los sentimientos, por las circunstancias, por las condiciones o por el ambiente.

Hasta que una persona no puede decir: "Soy lo que soy como consecuencia de mis decisiones de ayer"; tampoco puedes decir: elijo otra cosa". lo que nos hiere o daña no es lo que nos sucede; sino la respuesta a lo que nos suceda. Entre el estímulo y la respuesta está nuestra mayor fuerza, la libertad de elegir.

Toma la Iniciativa

Nuestra naturaleza básica consiste en actuar, no en que se actúe sobre nosotros. Esto permite elegir nuestra respuesta en situaciones particulares y además nos da poder para crear las circunstancias. Tomar la iniciativa no significa ser insistente, molesto o agresivo; significa reconocer nuestra responsabilidad de hacer que las cosas sucedan. Como empresarios digitales debemos tomar la iniciativa de prepararnos y adquirir nuevos conocimientos; en mejorar la forma de expresar las ideas, en ser más entusiastas y apasionados, buscar formas de mejorar profesionalmente

- Practicar constantemente para mejorar la forma de presentar las oportunidades.
- Cómo convertirse en el mejor promotor de negocios.
- Evaluar los problemas que enfrentan las organizaciones y después crear un plan que ayude a resolver las dificultades.

La mayoría de las personas reconocen cuan poderoso es ese enfoque para el éxito, pero muchos no dan los pasos necesarios;

no toman la iniciativa de llevar esas técnicas a cabo. Muchas personas esperan que suceda algo o que alguien se haga cargo de ellos. Las personas que llegan a las altas posiciones son las personas proactivas, aquellas que son soluciones de problemas y no problemas a ellos mismos; que toman la iniciativa de hacer siempre lo que resulte necesario conjuntamente con los principios correctos y finalmente realizan la tarea. Para que ocurra el proceso de duplicación debemos permitir que la persona que le estamos enseñando use sus recursos y su iniciativa, de lo contrario nunca se duplicará. Desde luego, debe tener en cuenta el nivel de interés del individuo. No podemos esperar una respuesta de cooperación correcta de quien se halla en una profunda dependencia emocional; pero podemos ir dándole cada vez más participación en todo lo que estamos enseñando para que confíe en sí mismo hasta que se duplique.

Actúe o Deje Que los Demás Actúen por Usted

La diferencia entre las personas que toman la iniciativa y las que no la toman equivale a la diferencia entre el día y la noche. Hace falta iniciativa para desarrollar los 7 hábitos. En todo caso, es uno mismo quien tiene la responsabilidad de actuar. Las Organizaciones crecen exponencialmente, cuando logran enfrentar sus desafíos que los obliga a ser proactivos. Para los últimos tiempos la mayoría de los líderes desarrolladores han entrado en diversos esquemas pirámide, lo cual ha gestionado un movimiento de personas entrando a este tipo de negocios de legalidad cuestionable. Esto afecta grandemente los volúmenes de muchos líderes comprometidos al desarrollo de sus equipos. Esto como consecuencia, crea mucha inseguridad, incertidumbre y frustraciones en las organizaciones. Los líderes no saben qué hacer y cómo dar respuestas a esta situación, por lo cual los volúmenes siguen bajando. Todos reaccionan en buscar un culpable, más crea una gran desconfianza en cualquier ORGANIZACIÓN.

Estas experiencias nos muestran y enseña a ser proactivos si de verdad queremos salir adelante, en todo lo que realizamos.

Tenemos que plantearnos una serie de preguntas y buscar sus respuestas a cada una de ellas.

- ¿Cuál a de ser nuestra respuesta ante las situaciones?
- ¿Qué vamos a hacer nosotros?
- ¿Como podemos nosotros tomar la iniciativa a esta situación?
- ¿Como está el Negocio?

Lo que nos pueda estar sucediendo en esos momentos no es bueno, y las tendencias apuntan que pueden empeorar. Pero nosotros como líder de equipo tenemos que estar dispuestos, hacer que las cosas mejoren, es ahí donde debemos ser mucho más entusiastas y enfocados.

Creamos y gestionamos un plan de desarrollo en equipo para el auspicio de nuevos socios a la organización de negocio y ampliar nuestro mercado. Una respuesta proactiva salva la organización y la conduce nuevamente al crecimiento. Además, comenzar un proceso educativo, para que tengamos líderes de la organización tengan el conocimiento para manejar este tipo de situaciones.

Como organización tenemos que enfrentar la realidad de las circunstancias de presente y las proyecciones del futuro; pero también enfrentamos la realidad de que tenemos el poder de elegir nuestra respuesta inmediata a las circunstancias. No afrontar la realidad nos da una idea errada que lo que sucede en nuestro entorno nos tiene que determinar. Nuestras organizaciones no tienen que estar a merced de nuestros entornos, estas pueden tomar la iniciativa de llevar a la práctica los valores compartidos y alcanzar los propósitos compartidos de todos los individuos implicados.

La experiencia de lo que vivimos, nos enseña que la iniciativa y el ser proactivos, convierte nuestra debilidad en nuestra mayor fortaleza.

Escuchando Nuestro Lenguaje

Nuestro lenguaje es un indicador del grado en que nos vemos, como personas proactivas o reactivas. A las personas reactivas su lenguaje los absuelve de su responsabilidad.

"Yo soy así, eso es todo"

"No puedo hacer nada al respecto"

"Me vuelve loco, no soy responsable"

"No puedo hacerlo, no tengo tiempo"

"Si mi espos@ fuera más paciente"

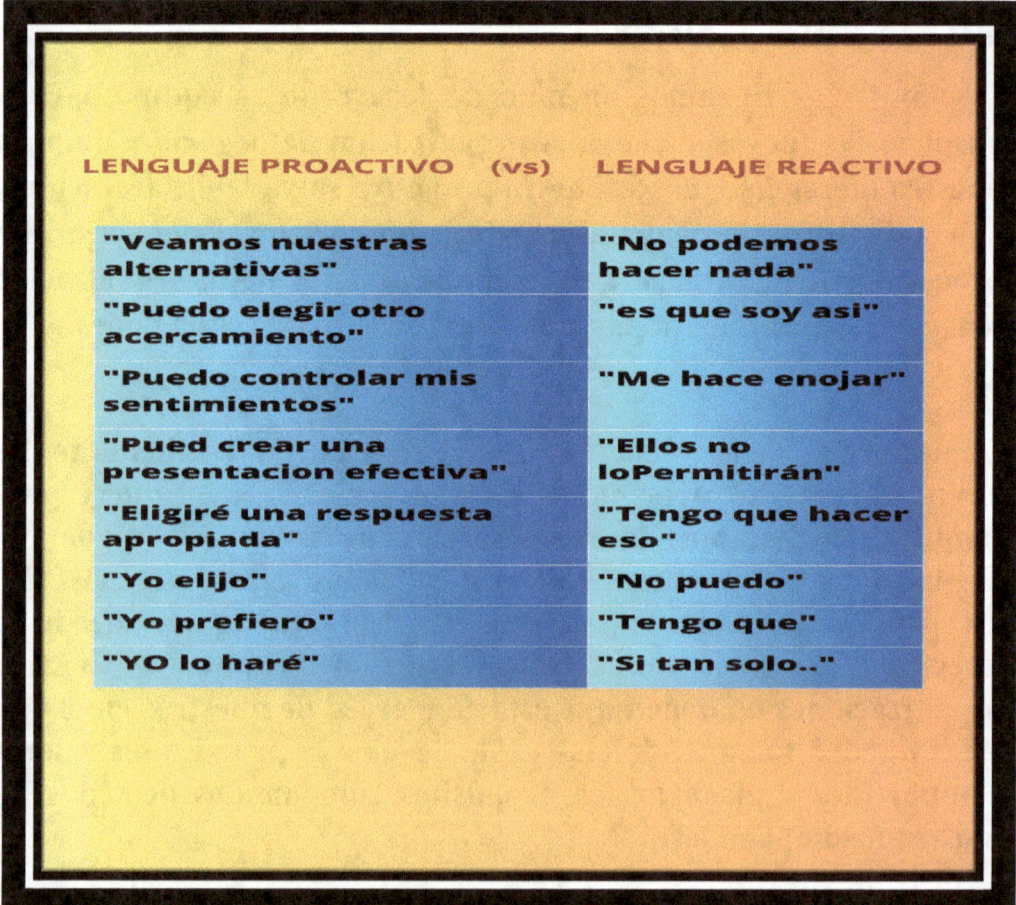

LENGUAJE PROACTIVO (vs)	LENGUAJE REACTIVO
"Veamos nuestras alternativas"	"No podemos hacer nada"
"Puedo elegir otro acercamiento"	"es que soy asi"
"Puedo controlar mis sentimientos"	"Me hace enojar"
"Pued crear una presentacion efectiva"	"Ellos no loPermitirán"
"Eligiré una respuesta apropiada"	"Tengo que hacer eso"
"Yo elijo"	"No puedo"
"Yo prefiero"	"Tengo que"
"YO lo haré"	"Si tan solo.."

Un serio problema del lenguaje reactivo es que este se convierte en una profecía de auto cumplimiento. La gente se siente cada vez más impotente y privada de su total autocontrol, alejándose de su vida, de su destino. Culpando a fuerzas externas de su situación, a otras personas, a las circunstancias, e incluso a los otros.

Círculo de preocupación / Círculo de influencia:

Otro modo excelente de tomar conciencia de nuestro propio grado para ser proactivo consiste en examinar en que invertimos nuestro tiempo, nuestra energía. Las personas proactivas centran esfuerzos en el círculo de influencia, se dedican a las cosas con respecto a las cuales pueden hacer algo. Su energía es positiva, se amplia y aumenta, lo cual conduce la ampliación del círculo de influencia. Por otro lado, las personas reactivas centran, sus esfuerzos en el círculo de preocupación, su foco se sitúa en sus carencias y defectos, así como los de otras personas, en los problemas del medio y en circunstancias sobre lo que no tienen control. De ello resultan sentimientos de culpa y de acusaciones. Para cada uno de nosotros centramos nuestro mejor esfuerzo en las cosas que podemos influir. Tenemos muchas CARENCIAS DE LIDERAZGO.

Si y como empresarios debemos poner lo mejor de nosotros en aquello que podemos hacer bien, presentamos la oportunidad de negocio, transferimos la visión, damos edificación, nos convertimos en excelentes promotores del negocio. Nos centramos en las cosas que podemos hacer bien y no en nuestras carencias y defectos. Esto nos da como resultados que a través del proceso nuestro conocimiento, habilidades, capacidades y destrezas se desarrollen más y más. trayendo como consecuencia que nuestro circulo de influencia se amplie cada vez más en todas las áreas de nuestras vidas. Esto produce que cada uno como líderes, seamos más influentes en otras áreas. Así que, si estás comenzando, algún negocio no te preocupes por tus carencias; centra tus energías y tiempo en tus fortalezas. TOMA LA INICIATIVA DE MEJORARTE A TÍ MISMO

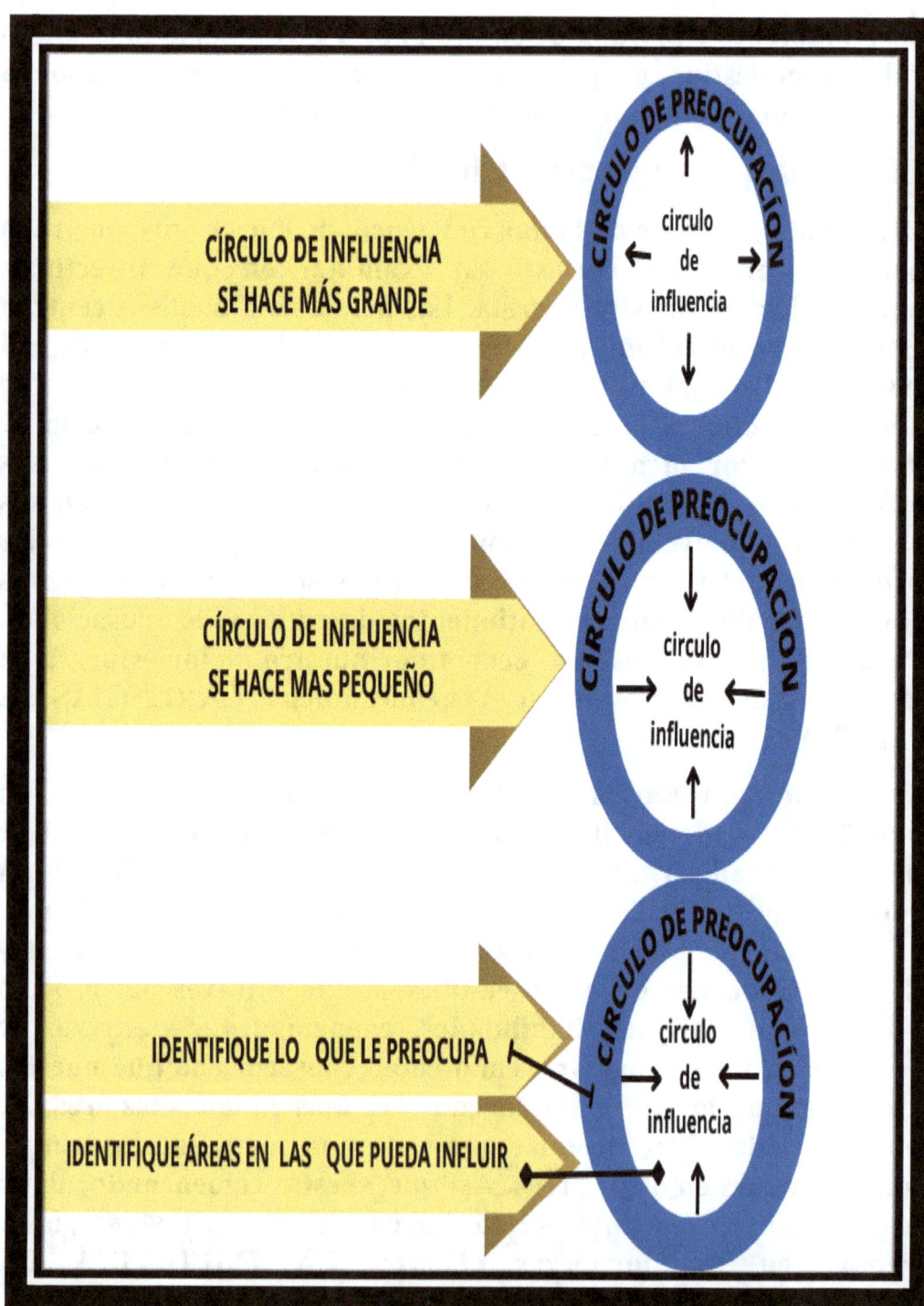

Control Directo, Indirecto e Inexistente:

Los problemas que afrontamos caen en tres áreas posibles:

1. Control directo - involucra nuestra propia conducta.
2. Control indirecto - involucra la conducta de otras personas.
3. Control inexistente - problemas acerca de los cuales no podemos hacer nada como los de nuestras realidades situacionales o pasadas.

Los problemas de control directo se resuelven trabajando sobre nuestros hábitos. Están obviamente dentro de nuestro círculo de influencia; son las "victorias privadas" de los hábitos 1, 2 y 3. Los problemas de control indirecto se resuelven cambiando nuestro método de influencia; son las "victorias públicas" de los 4, 5 y 6.

Los Tener y Los Ser

El círculo de preocupación está lleno de "tener"

- Si tuviera un líder más conectado al sistema.
- Si tuviera un espos@ que me apoyara.
- Si tuviera más tiempo.

El círculo de influencia está lleno de "Ser"

- Puedo ser más diligente en la aplicación del sistema.
- Puedo ser más paciente con mi espos@.
- Puedo organizar mi tiempo.

El foco está en su carácter. Siempre que pensamos que el problema está "allí afuera"; este pensamiento es el problema. Otorgamos a lo que está "allí afuera", el poder de controlarnos.

El enfoque reactivo "de afuera hacia dentro". Lo que está afuera tiene que cambiar para que cambiemos nosotros. El enfoque proactivo consiste en cambiar de adentro hacia afuera. Ser distinto y de esta manera provoca un cambio positivo en lo que está allí afuera. Puede ser más ingenioso, más diligente, más creativo, más cooperativo. Es más fácil que culpemos a otros por nuestras propias situaciones de estancamiento. Es muy frecuente culpar nuestro "patrocinador", a nuestro "patrocinado", al sistema, al equipo, a la compañía, más la realidad que somos nosotros mismos los responsables. Tenemos la habilidad de responder y controlar nuestras vidas y de influir poderosamente en nuestras circunstancias trabajando sobre el "ser", sobre lo que somos. Si realmente quiero mejorar la situación puedo trabajar en lo único sobre lo que tengo el control "YO MISMO"

Puedo dejar de poner en orden a los demás y trabajar sobre mí mismo. El enfoque proactivo de un error consiste es reconocerlo instantáneamente, corregirlo y aprender de él. Esto literalmente convierte el fracaso en éxito. Pero no reconocer un error, no corregirlo, ni aprender de él; es un error en sí. No es lo que los otros hacen, ni nuestros propios errores los que más nos daña, es nuestra repuesta. Nuestra respuesta a cualquier error afecta la calidad del momento siguiente. Es importante admitir y corregir de inmediato nuestros errores para que no tengan poder en el futuro y para que volvamos a tomar el control de nuestro presente.

PERSONA DE TRANSICIÓN

Comprometerse y Mantener los Compromisos

1

En el corazón mismo del círculo de influencia se encuentra nuestra aptitud para comprometernos y hacer promesas. Los compromisos con nosotros mismos, con los demás y la integridad con los que llevemos a cabo son la esencia de nuestra proactividad. Cuando reconocemos y utilizamos nuestra voluntad independiente para actuar sobre la base de las promesas, estableciendo metas y siendo fieles a estas, adquirimos la fuerza del carácter; el "ser" que hace posible todo.

Al comprometernos y mantener nuestros compromisos, empezamos a establecer una integridad que nos proporciona la conciencia del auto control, el coraje y la fuerza de aceptar más responsabilidades. Al hacer y mantener las promesas, poco a poco nuestro honor pasa a ser más importante que nuestro estado de ánimo. Esto es lo que nos ocurre a cada uno de los que comenzamos en este proyecto de negocio; nuestro compromiso es mayor que nuestros defectos, que nuestras diferencias y que las dificultades que se presentarán en el camino.

Hábito 2

Empiece con un fin en mente

Empezar con un fin en mente consiste en empezar hoy con la imagen, la visión, el cuadro completo como un marco de referencia para saber hacia dónde vamos. Cada parte de su vida la puede examinar en el contexto del todo, de lo que realmente a usted le importa más. Esto permitirá que lo que usted haga cada día contribuya de un modo significativo a la visión que usted tiene para su vida. Empezar con un fin en mente significa comenzar con una clara comprensión de su destino. Significa saber a dónde se está yendo, de modo que se pueda comprender mejor donde se está y dar siempre los pasos en la dirección correcta. Muchas personas quedan atrapadas en la trampa de la actividad de trabajar cada vez más por trepar por la escalera de la vida para darse cuenta finalmente que la escalera está en la pared equivocada. Es posible estar atareado, muy atareado sin ser muy efectivo. Esto ocurre cuando lo que hacemos no está alineado con la visión. Cuan distintas son nuestras vidas cuando sabemos qué es lo verdaderamente importante para nosotros y manteniendo un cuadro en mente, actuando cada día para ver y hacer lo que en realidad nos importa.

Todas las Cosas se Crean Dos Veces

"Empezar con un fin en mente" se basa en el principio de que todas las cosas se crean dos veces. Siempre hay primero una creación mental y luego una creación física. Primero es la creación mental o plan; segundo es la creación física o la obra. Las personas altamente efectivas ven claramente el resultado que desean en cada área de su vida antes de actuar.

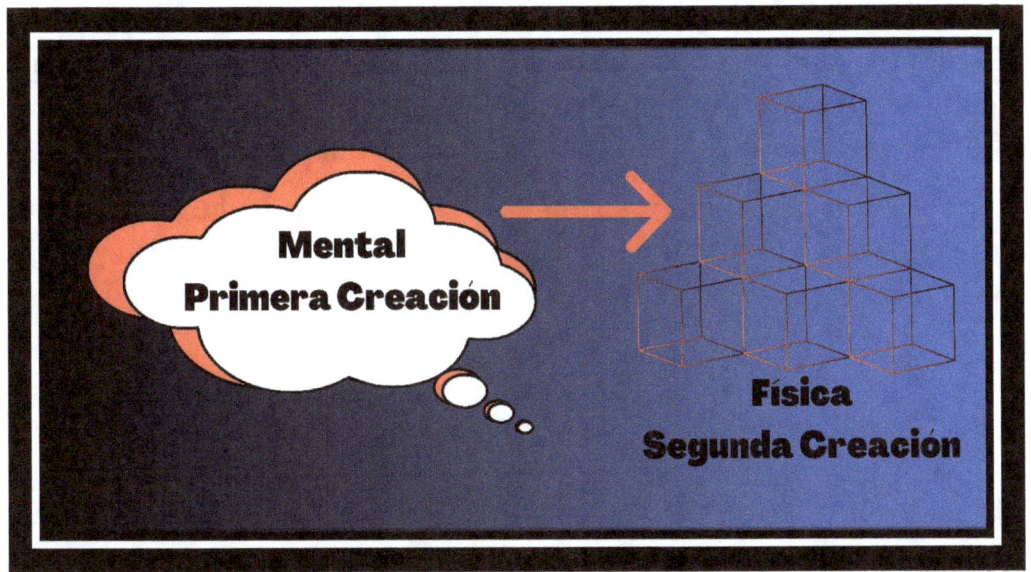

Antes de empezar un viaje fijamos nuestro destino y planificamos la mejor ruta. Antes de hacer un jardín lo distribuimos mentalmente o lo dibujamos en un papel. Se escriben los discursos antes de pronunciarlos, se diseña la ropa antes de enhebrar la aguja. De igual forma cuando comenzamos una oportunidad de negocio hay que crear un plan mental hasta llegar a una imagen clara de lo que se quiere lograr. Cuyo objetivo es guiarnos a que comencemos con un fin en mente. Esta sección permitirá crear un plano mental en el nuevo proyecto, para guiarnos en los primeros pasos para que se descubra por qué lo vamos a hacer, qué es lo que hay que hacer y cómo lo vamos a hacer. Un desarrollador de negocios digitales o de redes es un organizador con visión, una persona que sabe soñar y que sabe hacer sus sueños realidad. Piensa como un arquitecto, actúe como constructor y lidere como un maestro. El grado con que uno empiece con un fin en mente determinará a menudo si se puede o no crear una empresa exitosa. La mayor parte de los fracasos empresariales comienzan en la primera creación (mental), no diseñan un plan y un proyecto de construcción. El plan y el proyecto de construcción está en tus manos y este libro le pone a su disposición el Sistema Educativo que puede guiarlo, más usted y solo usted, es quien lo ha de aplicar.

Visualiza los Resultados Antes de Actuar

El Dr. Charles Garfield, una de las principales cosas que demostró en su investigación fue que casi todos los grandes atletas y otros sujetos de alto rendimiento son visualizadores.

Lo ven, lo sienten, lo experimentan antes de hacerlo realmente Si uno visualiza resultados negativos los resultados serán malos Visualícese logrando el éxito.

Liderazgo y Administración

Las dos creaciones. El segundo hábito se basa en principios de liderazgo personal lo que significa que el liderazgo es la primera creación (mental) Liderazgo no es administración. La administración es la segunda creación (física). Lo ven, lo sienten, lo experimentan antes de hacerlo realmente Si uno visualiza resultados negativos los resultados serán malos Visualícese logrando el éxito. ¿La administración se centra en el límite inferior Como puedo hacer mejor las cosas? El liderazgo aborda el límite superior ¿Cuáles son las cosas que quiero realizar?

La administración busca la eficiencia en el ascenso por la escalera del éxito; el liderazgo determina si la escalera está o no apoyada en el lugar correcto. A través de los años existen personas que en los negocios son buenos administradores y tienen un amplio dominio de la ejecución de las partes técnicas del negocio. Dan un buen plan, saben hacer el seguimiento, correctamente hacen una planificación empresarial: pero a pesar de todo esto no alcanzan los resultados esperados porque no están liderando. El liderazgo tiene que ver con transferir visión, con el propósito, saber si el trabajo se está poniendo en el lugar correcto para provocar resultados, identificar otros lideres, crear la cultura organizacional, análisis profundo o los problemas y buscar las soluciones. Administrar eficientemente sin liderazgo es como tratar de jugar tenis con un palo de golf.

Reescribir el Guión y Convertirse en su Primer Creador

La proactividad se basa en el privilegio humano de auto conciencia. Los dos privilegios humanos adicionales que nos permite ampliar nuestra proactividad y ejercer el liderazgo personal en nuestras vidas son la imaginación y la conciencia moral. Por medio de la imaginación podemos visualizar los mundos potenciales que hay en nuestro interior. Por medio de la conciencia moral podemos entrar en contacto con leyes o principios universales. Estas características humanas nos permiten cambiar nuestro propio guión. Cuando comenzamos en este negocio a queremos un cambio real y profundo en nuestra manera de pensar y vivir, tenemos que estar dispuestos a reescribir nuestro guión o hacer un cambio de paradigma. Cuando reconocemos los guiones inefectivos o paradigmas incorrectos que no nos han llevado al éxito ni a lograr lo que queremos en la vida, podemos empezar a reescribir nuestros guiones. A través de los años he visto como las vidas de muchas personas han sido transformadas. Este proceso de transformación ha surgido porque estos lideres estuvieron dispuestos a reescribir sus guiones. Estuvieron dispuestos a cambiar los viejos guiones impuestos por sus padres, la sociedad, el ambiente y crearon nuevos guiones que los condujeron al éxito.

El verdadero éxito se obtiene con uno mismo, es el autodominio y la victoria sobre sí. Tenemos que estar dispuestos a cambiar estos guiones Inefectivos, los malos hábitos; incongruentes con lo que verdaderamente le da valor a la vida. Tenemos la responsabilidad de utilizar nuestra imaginación y creatividad para escribir otros nuevos guiones más efectivos, que nos conduzcan al éxito como empresarios. Podemos utilizar la imaginación para activar tu potencial ilimitado. En lugar de utilizar tu memoria para utilizar tu pasado limitado. En los negocios digitales empezar con un fin en mente significa enfocar en tu rol como empresario teniendo claro tus valores. Significa ser responsable con crear en tu mente lo que tú quieres de la vida y reescribir tus guiones de modo que tus actitudes y conductas sean congruentes con las de un empresario digital. (De Éxito). Significa empezar cada día teniendo esos valores firmemente presentes. Entonces cuando aparezcan los problemas, los desafíos, podrás tomar más decisiones basándote en esos valores. Puedes actuar con integridad.

No nos vemos obligados a reaccionar ante las circunstancias guiados por emociones momentáneas. Puedes ser verdaderamente proactivo, verte impulsado por valores, porque tus valores ya están definidos.

Un Enunciado de la Misión Personal

El modo más efectivo de empezar con un fin en mente consiste en elaborar un enunciado de la misión personal. Debe centrarse en lo que uno quiere ser y hacer y en los valores o principios que se fundamentan al ser y al hacer. La clave de la capacidad para cambiar es una idea constante de lo que quiere ser, de lo que persigue y de lo que valora. El enunciado de la misión personal se convierte en la base para tomar decisiones importantes acerca de la orientación de la vida y las decisiones cotidianas en medio de las circunstancias y esas acciones que nos afectan.

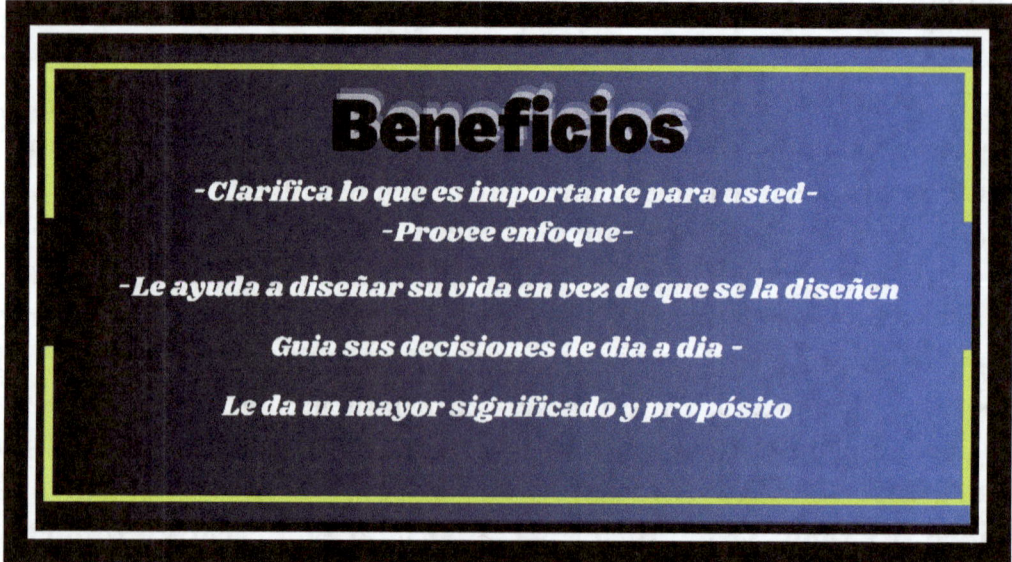

Beneficios

-Clarifica lo que es importante para usted-

-Provee enfoque-

-Le ayuda a diseñar su vida en vez de que se la diseñen

Guia sus decisiones de dia a dia -

Le da un mayor significado y propósito

En el Centro

Para escribir un enunciado de la misión personal tenemos que empezar con el centro mismo de nuestro circulo de influencia. Es aquí donde tenemos contacto con nuestra visión y valores. Es aquí que utilizamos nuestra capacidad de autoconciencia para determinar los talentos y habilidades que nos conducen a la visión. Empleamos la capacidad para Imaginar con el objeto de crear mentalmente lo que deseamos esto da dirección a lo que queremos lograr. Es aquí también donde nuestro esfuerzo concentrado logra los mejores resultados. Cuando trabajamos en el centro de nuestro circulo de influencia lo ampliamos. Lo que hay en el centro de nuestras vidas será nuestra fuente de seguridad, abundancia y poder.

- La seguridad representa nuestro sentido de la vida, nuestra identidad, nuestra base emocional, nuestra autoestima, nuestra fuerza personal básica.
- Por guía se entiende la fuente de dirección en la vida. Esto está circunscrito por nuestros mapas mentales (marco de referencia interno que nos interpreta lo que sucede afuera).
- Sabiduría es nuestra perspectiva de la vida, nuestro sentido de equilibrio, nuestra comprensión del modo en que se aplica los diversos principios. Abarca el juicio, el discernimiento, la comprensión. Es un todo integrado.
- El poder es la capacidad o facultad de actuar, la fuerza y el potencial para realizar algo. Es la energía, es la fuerza vital para elegir y decidir.

Estos cuatro factores (seguridad, guía, sabiduría y poder) son interdependientes. La seguridad y la guía otorgan verdadera sabiduría y la sabiduría se convierte en la chispa o catalizador que libera y dirige el poder. Cuando estos cuatro factores están presentes dan origen a la gran fuerza de la personalidad noble, un carácter equilibrado y un individuo integrado.

Cuando desarrollamos nuestro propio ser y lo perfeccionamos en la capacidad de servir, producir, realizar y contribuir con significad; esto establece un contexto para el fortalecimiento espectacular de los cuatros factores que sustentan la vida. Lo ideal es crear un centro clave del que pueda obtenerse sistemáticamente un alto grado seguridad, guía, sabiduría y poder que haga posible la proactividad, la congruencia y armonía con todos los aspectos de la vida.

Un Centro de Principios

Al centrar nuestras vidas en principios correctos, creamos una base sólida para el desarrollo de los cuatro factores sustentadores de la vida. Nuestra seguridad proviene entonces de saber que a diferencia de otros (centros basados en personas o cosas sujetas a cambios frecuentes), los principios no cambian. Podemos depender de ellos, los principios no cambian, la comprensión de ellos sí.

La sabiduría y la guía que acompañan a la vida centrada en principios provienen de mapas correctos, del modo en que las cosas son realmente, han sido y serán. Los mapas correctos nos permiten ver con claridad dónde queremos ir y cómo llegar allí. El poder personal que surge de la vida centrada en principios es el poder de un individuo auto consciente, inteligente, proactivo, no limitado por las actitudes, conductas y acciones de los demás, ni por circunstancias e influencias ambientales.

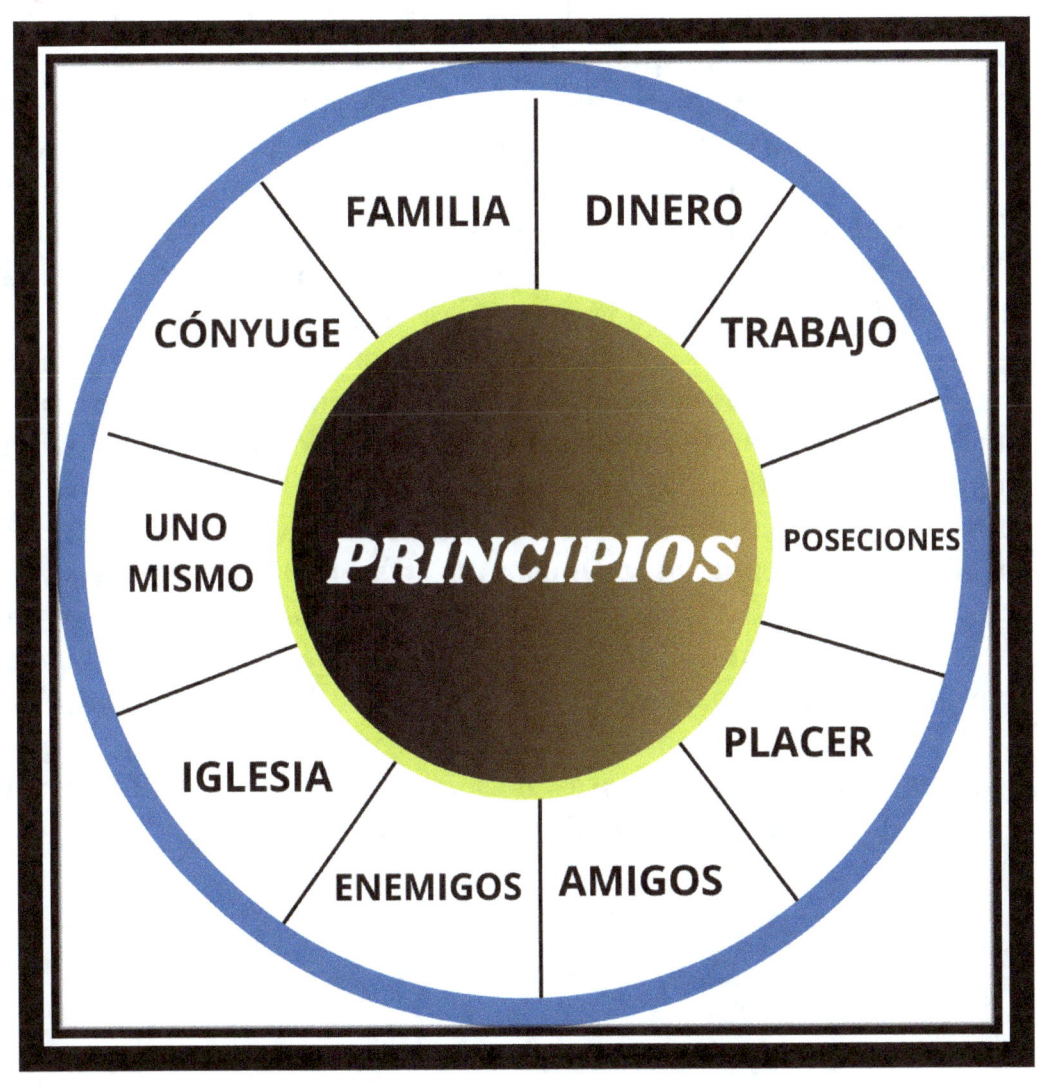

Cómo Redactar y Crear un Enunciado de la Misión Personal

Un enunciado de la misión personal es un decreto que le da propósito y significado a su vida. Esto nos permite tomar decisiones consistentes con lo que queremos ser y hacer. Toda persona tiene su propia misión o vocación en la vida. Las personas altamente efectivas le dan forma a su futuro en vez de permitir que sea determinado por otras personas, su cultura o sus circunstancias. Como personas proactivas, podemos empezar a dar expresión a lo que queremos ser y hacer en nuestras vidas. Podemos redactar un enunciado de nuestra misión personal, una constitución personal. Un enunciado de misión personal no es algo que se escribe de la noche a la mañana, requiere una introspección profunda, un análisis cuidadoso, una ejecución meditada y a menudo muchos borradores, hasta llegar a la forma final. Un enunciado de misión es algo que efectúa cambios en nosotros al obligarnos a pensar en nuestras prioridades con profundidad y cuidado y alinear nuestra conducta con nuestras creencias. Los dos únicos dones que hacen posible el poner en práctica este segundo habito son la Imaginación y la conciencia moral. El liderazgo personal consiste en mantener en mente la propia visión y los propios valores y en organizar la vida para que sea congruente con las cosas más importantes. Es aquí que el enunciado de misión personal cobra más importancia.

1

Hábito 3

Primero es lo Primero

El tercer hábito es la segunda creación, la creación física. Es la realización, la actualización del primer y segundo hábito. Es la puesta en práctica incesante, momento a momento para una autoadministración efectiva. La capacidad para administrarse bien determina la calidad e incluso el éxito de la segunda creación (física). La voluntad independiente es lo que hace posible la autoadministración efectiva. Se trata de la capacidad para tomar decisiones, elegir y después actuar en consecuencia. Significa actuar en lugar de "ser actuado", llevar proactivamente a cabo el programa que hemos desarrollado. El grado en que hemos desarrollado nuestra capacidad independiente está determinado por nuestra integridad. Es nuestra capacidad para comprometernos a mantener nuestros compromisos con nosotros mismos, de "hacer lo que decimos". Es respetarse a uno mismo. La administración efectiva consiste en empezar por lo primero. Mientras que el liderazgo decide que es lo primero, la administración es disciplina puesta en práctica. La disciplina es un conjunto de reglas para mantener el orden. Si uno es administrador efectivo de sí mismo, la disciplina proviene del interior, es una función de la voluntad independiente. Las personas de éxito tienen el hábito de hacer las cosas. que a quienes fracasan no les gusta hacer. Lo que hacen está subordinado a la fuerza de sus propósitos, misión, un claro sentido de dirección. Hay un ardiente "sí" interior, que hace posible decir "no" a otras cosas.

La esencia del mejor pensamiento del área de la administración del tiempo puede captarse en una única frase: Organizar y ejecutar según prioridades. Para esto clarificar valores, comparar la importancia relativa de las actividades y priorizar consistente con los objetivos esperados. Además, debemos activarlo en las metas a largo, mediano y corto plazo.

Nuestro tiempo y energía deben estar orientados hacia esto. Debemos además incluir el concepto de planeación diaria, del plan específico para alcanzar las metas y actividades que le atribuimos mayor valor.

Cuando hablamos de administrar el tiempo, el desafío no consiste en administrar el tiempo sino en administrarnos a nosotros mismos. La satisfacción obtenida dependerá de la expectativa como de la realización.

La expectativa y la satisfacción van a depender en donde esté centrado nuestro círculo de influencia. En lugar de centrarse en las cosas, el tiempo y las expectativas, deben centrarse en preservar y realizar las relaciones y alcanzar los resultados. Insistamos en mantener el equilibrio P/PC, producción vs capacidad de producción.

Cómo Organizar y Hacer la Ejecución Según Prioridades

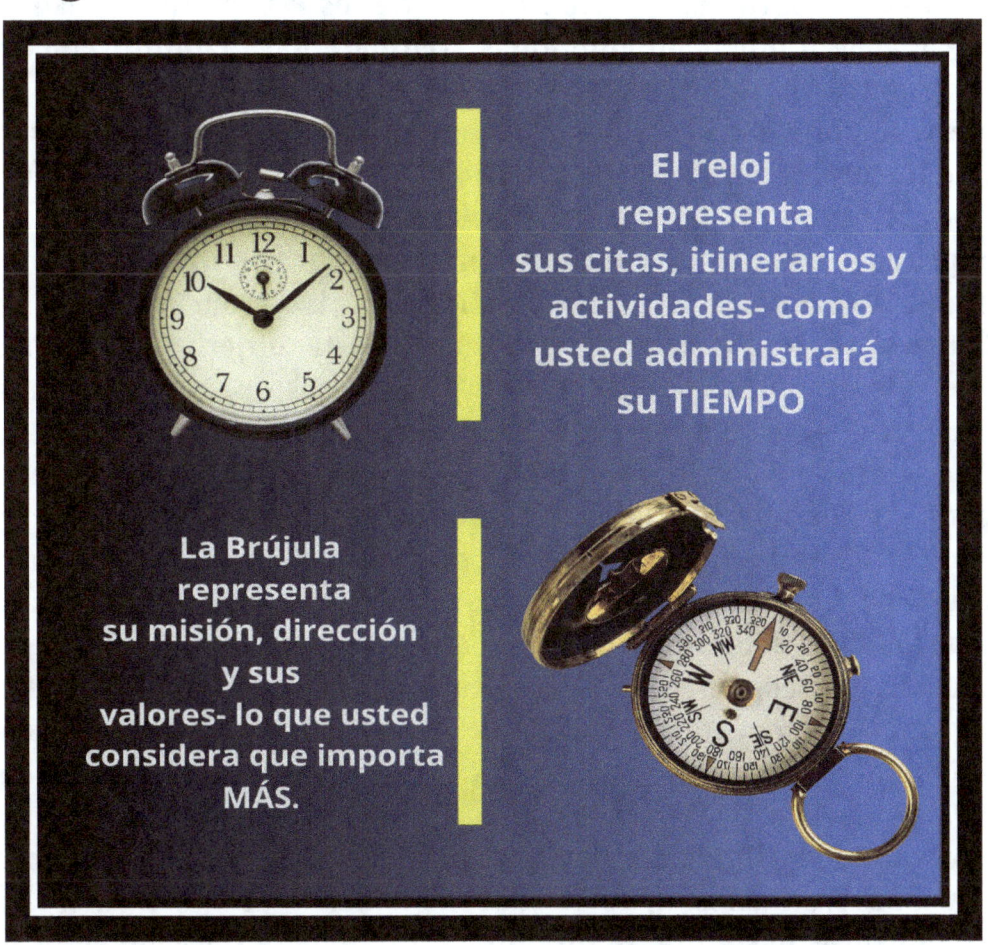

Para esto es indispensable alinear las prioridades con los objetivos. Como empresarios Digitales hay una serie de prioridades en las cuales debemos enfocar para poder lograr los resultados esperados. Todos queremos subir a través de la escalera del algún plan de compensación, Venta o Comisiones, pero para esto necesitamos clarificar qué acciones específicas debemos emprender para alcanzar cada meta y provocar los resultados esperados. ¿Cree que las personas que no logran éxito en la vida realmente tienen planes de fracasar? No lo creo así. El problema es que no hacen planes de nada, ni tienen metas y no se comprometen para tomar las acciones que las conducen a la realización de sus metas. Para que este plan se haga realidad debemos emprender una serie de acciones diarias y establecer una serie de compromisos para poder alcanzar cada meta que nos conduzca a lograr la posición dentro de los resultados deseados. La capacidad independiente que se requiere para cumplir con los compromisos establecidos va a depender en gran medida de nuestra integridad. Los compromisos establecidos son fundamentales para poder emprender las acciones diarias que nos conducen a lograr las metas establecidas. El objetivo final de un empresario Digital es construir una red de distribución sólida, estable y productiva. ¿Cómo aplicamos el tercer hábito? "Lo Primero es lo Primero", para lograr este objetivo. Debemos determinar cuáles son las acciones prioritarias que determinan la construcción. El motor para esta construcción es el "Ciclo de Momentum", plan, seguimiento. Las personas se le hacen una planificación empresarial (Segundo hábito: empiece con un fin en mente). Cuando presentamos el plan transferimos la visión a través de nuestra historia, edificamos, para crear credibilidad, seguridad y confianza en la mente de nuestros candidatos. Además, nos convertimos en los mayores promotores de nuestro negocio. Promovemos la oportunidad, el sistema educativo y sus actividades y los productos. Todas estas acciones son prioritarias para poder construir. La logística de 8 pasos para construir nos dice que identifiquemos los mejores y establezcamos buenas relaciones con ellos. Que nos capacitemos y le mostremos los fundamentos hasta que se duplique y finalmente seleccionemos lo mejor en la profundidad para seguir construyendo la estructura. El 80% de nuestro tiempo lo vamos a dedicar a trabajar en ello de cerca y profundamente. El 20% de nuestro tiempo lo dedicamos al resto de la organización colectivamente. El poner en práctica diariamente estas acciones importantes es lo que nos conducirá al éxito en la construcción de nuestras empresas. Independientemente lo que sea a lo que digitalmente nos dedicamos. Debemos asegurarnos de que la agenda es congruente con las metas establecidas y las acciones que hay que emprender para lograrla. Planifique su agenda semanal y diariamente. Asegúrese de hacer tiempo para trabajar con cada una de las líneas organizacionales a desarrollar. Aprenda a controlar su agenda o alguien la controlará por usted. Esto es muy común en los empresarios Digitales de Éxito. Y es una de las causas por las cuales muchos no desarrollan las estructuras adecuadas para capitalizar. Esto se debe a que no equilibran el tiempo en el desarrollo. Por lo tanto, es preciso determinar cuáles son las prioridades más altas para alcanzar la meta establecida. Para esto hay que aprender a decir "No", a fin de poder disponer de tiempo para enfocarse en la línea correcta, en el lugar correcto para poder provocar la meta establecida. Una agenda coherente sugiere que hay armonía, unidad e integridad entre la visión, metas, prioridades, planes, deseo y disciplina.

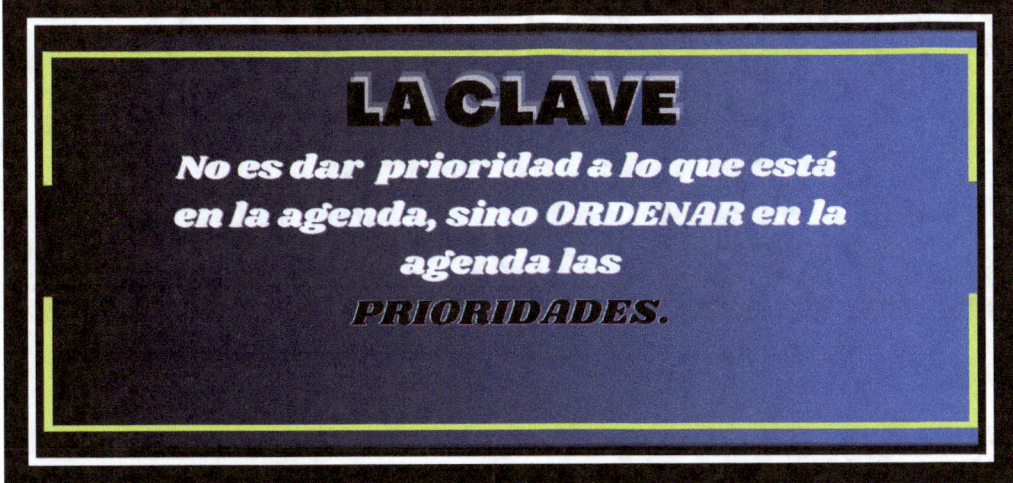

LA CLAVE

No es dar prioridad a lo que está en la agenda, sino ORDENAR en la agenda las PRIORIDADES.

Hábito 4

Pensar en Ganar/Ganar

"No puede haber amistad sin confianza, ni confianza sin integridad".

En **LOS NEGOCIOS DIGITALES**, el paradigma ganar/ganar es un fundamento que está en la naturaleza propia de este tipo de negocio. Si usted tiene la mentalidad y la intención de que sus asociados ganen, por ende, usted también gana. Como empresarios tenemos que ser conscientes que nuestro negocio está constituido por personas. El éxito va a estar determinado en gran medida por las buenas relaciones y una interdependencia efectiva entre los miembros. Cuando fortalecemos la relación entre los miembros, podemos crear un conducto a través del cual podemos reafirmar los valores y los principios que crean el vínculo permanente, estos valores y principios fundamentales son parte de nuestra manera de hacer negocios con los demás. Estos principios son el cimiento del carácter y la integridad; y esto a su vez va a determinar la confianza que los demás pueden tener o no en nosotros. Esta confianza es lo que hace posible las buenas relaciones y que pueda crear una interdependencia efectiva entre los empresarios y los Beneficiados.

Un Empresario Digital tiene cinco valores que seguimos como faros que nos dan dirección en las decisiones que tenemos.

1. Valor del ser humano.
2. Igualdad.
3. Libertad.
4. Amor.
5. Gratitud.

La relación entre usted y sus involucrados va a depender en gran medida en como nosotros podemos expresar, pero más que expresar, vivir y más que vivir ser esos valores. Esto nos lleva al entendimiento que la mentalidad ganar/ganar no es una técnica de mercadeo, es un paradigma de interacción total entre los miembros de una organización. Proviene del carácter integro, maduro y de la mentalidad de abundancia. Surge de las relaciones en las que existe una alta confianza y se materializa en acuerdos para el éxito mutuo.

Victoria Pública

La independencia efectiva solo puede construirse sobre la base de la verdadera independencia. La victoria privada precede a la victoria pública. No se puede invertir el proceso, así como no se puede cosechar antes de sembrar. No hay otra ruta, no hay atajo. No se puede tener éxito si no se has pagado el precio del éxito con uno mismo. No se pueden recoger frutos cuando faltan las raíces. El auto dominio y la auto disciplina son esenciales para las buenas relaciones. Hay quienes dicen que uno tiene que gustarse a sí mismo antes de poder gustar a otros. Pero si uno mismo no se conoce, no se controla, no tiene dominio de sí, es muy difícil que se guste a sí mismo. La interdependencia solo está al alcance de gente independiente. El ingrediente más importante de toda la relación no es lo que decimos o hacemos sino lo que somos. Y si nuestras palabras y acciones derivan de técnicas superficiales de relaciones humanas y no de nuestros valores, los otros sentirán que no hay congruencia entre lo que somos y lo que decimos y hacemos. Sencillamente no podemos crear y sustentar la base necesaria para la interdependencia efectiva. Cuando nos volvamos independientes, proactivos, centrados en principios correctos; seremos capaces de organizar y realizar cosas enfocadas en las prioridades de nuestra vida. Esto nos permite elegir la interdependencia y construir relaciones ricas, duraderas y altamente productivas con otros. Para un empresario digital los resultados que esperamos están determinados en gran medida por la sinergia, la comunicación abierta y la interacción positiva con los otros. Para esto necesitamos crear y cuidar las relaciones que hacen realidad estos resultados.

La Cuenta Bancaria Emocional

La cuenta bancaria emocional es una metáfora de la confianza incorporada a una relación. Es el sentimiento que tenemos de seguridad con respecto a otro ser humano. Si aumento mis depósitos en una cuenta bancaria emocional mediante la cortesía, la bondad, el respeto, la honestidad, el amor y mantengo mi compromiso con usted, estoy construyendo una reserva emocional en usted. La confianza que usted tiene en mí crece y yo puedo apelar a esa confianza en caso de que la necesite. Incluso puedo equivocarme y ese nivel de confianza, esa reserva emocional, compensará la diferencia. Cuando constantemente estamos haciendo estos depósitos emocionales, la confianza será alta, la comunicación es fácil, instantánea y efectiva. Esta confianza y seguridad es lo que hace que un empresario digital crezca. Pero si tengo la costumbre de mostrarme descortés e irrespetuoso, interrumpir y no valorar opiniones, comportándome arbitrariamente, no trato de igual a igual, traiciono la confianza y trato sin amor, finalmente mi cuenta bancaria emocional con las personas quedará en quiebra y el nivel de confianza será muy bajo. Hay siete depósitos principales capaces de construir una cuenta bancaria emocional.

1. Comprender a las personas.

La regla de oro dice: Trata a los otros como quieres que ellos te traten a ti. Es el principio de hacer que lo que es importante para la otra persona sea tan importante para uno como la persona misma. Hay que comprenderlos profundamente y después tratarlos en términos de esa comprensión.

2. Prestar atención a las pequeñas cosas.

Las pequeñas atenciones y bondades son muy importantes. En una relación las cosas grandes son las cosas pequeñas. Un te quiero, un eres importante para mí, escucharlos cuando te necesitan, reconocerlos en privado y en público, creer y tener fe en ellos, llamarlos para saber cómo están, ponerte a su disposición, apoyarlos cuando te necesitan, un detalle o una palabra de aprecio en un dia especial. Son los pequeños detalles que aceitan las articulaciones de las buenas relaciones.

3. Mantener los compromisos.

Uno de los retiros más pesados que puede vaciar una cuenta bancaria emocional es hacer promesas y compromisos y no cumplirlos. No haga promesas y compromisos que no pueda cumplir. Cuando no los cumple las personas pierden la confianza en usted.

4. Aclarar las Expectativas.

Las expectativas poco claras en el área de las metas también socavan la comunicación y la confianza. Cuando las expectativas no son claras, las personas se ven envueltas emocionalmente y las incomprensiones se multiplican, originando choques y rupturas de la comunicación.

5. Demostrar integridad personal.

La palabra integridad procede del latín que es "integrado y entero". Es ser honesto. Una persona es integra cuando las intenciones y el comportamiento están alineados, cuando la persona es un todo, lo mismo adentro que afuera. Es tener coraje para actuar consistente con los principios, valores y creencias. La integridad es el cimiento de la confianza y la credibilidad con los demás, así como de uno mismo. La integridad incluye honestidad, decir la verdad y dejar buena impresión.

Hay tres cualidades más que están en las personas integras:

a. **Congruencia:** es cuando lo que eres, lo que piensas, lo que dices y lo que hablas están alineados en la misma dirección. Las personas congruentes actúan en armonía con sus creencias y valores más profundos, cumplen lo que dicen. Cuando sienten que deberían hacer algo lo hacen, no las impulsan las fuerzas exteriores como la opinión de otros o el oportunismo del momento. La voz que escuchan es la silenciosa voz de la conciencia. Cuando demuestras sistemáticamente congruencia, inspiras confianza tanto en las relaciones personales como profesionales.

b. **Humildad:** una persona humilde se preocupa más por lo que es correcto, que en tener razón; en reconocer las aportaciones de otros, que lograr reconocimiento por ello; en construir el equipo. que ensalzarse a sí mismo.

c. **Valor:** para hacer lo correcto, aunque resulte difícil. Cuanto mayor sea su integridad, honestidad, congruencia, humildad y valentía, usted inspirará más confianza y credibilidad a los demás. Sea leal con quienes no están presentes. Cuando uno defiende a quienes están ausentes, retiene la confianza de los presentes. Uno de los errores más comunes que refleja la falta de integridad y carácter es la desedificación o traer comentarios negativos de personas que no están presentes. Cuando esto ocurra usted como Empresario, debe tener el valor para no alimentar este tipo de conductas y pedir respeto por las personas. Que no están presentes. Como empresarios y/o dirigentes, de una organización somos íntegros cuando evitamos toda comunicación engañosa, desleal o que no respete la dignidad de las personas.

Preguntas para evaluar su integridad:

- ¿Trato de ser honesto con los demás?
- ¿Cumplo lo que digo?
- ¿Tengo claro mis valores?
- ¿Me siento cómodo al defenderlos?

- ¿Soy capaz de establecer compromisos conmigo mismo, los demás y los cumplo?

6. Disculparse sinceramente

Se necesita mucha fuerza de carácter para disculparse con rapidez, de todo corazón y no de mala gana. Para disculparse auténticamente es necesario ser dueño de uno mismo y tener una seguridad profunda respecto de los principios y valores fundamentales. Las personas con poca seguridad interior no pueden disculparse porque ello los lleva a sentirse demasiado vulnerables. Cree que se muestran débiles ya que su seguridad se basa en las opiniones de los otros y les preocupa que ellos puedan pensar. Justifican su propio error y si llegan a disculparse lo hacen superficial. Algunas palabras que podemos utilizar para disculparnos y que producen un depósito considerable son:

- Me equivoqué.
- No fue amable de mi parte.
- Fui irrespetuoso.
- No respeté su dignidad, lo lamento profundamente.
- Discúlpame, no debí hacerlo.

Una cosa es cometer un error y otra muy distinta es admitirlo. La gente perdona los errores, porque los errores suelen ser cosas de la mente, del juicio. Pero no se perdona fácilmente los errores del corazón, la mala intención, los malos motivos, la justificación que por orgullo pretende encubrir el error.

7. Las leyes del amor

Cuando efectuamos depósitos de amor incondicional, cuando vivimos las leyes primordiales del amor, también estamos animando a otros que lo hagan. Cuando verdaderamente amamos a los demás sin poner condiciones, sin ataduras, los ayudamos a sentirse. Seguros, a salvo, validados y afirmados en su integridad e identidad. El amor es el principio fundamental para poder trabajar en equipo con otros.

Pensar en Ganar/Ganar

El hábito del liderazgo interpersonal efectivo es pensar en ganar/ganar. El ganar/ganar es una estructura de la mente y el corazón que constantemente procura el beneficio mutuo en todas las partes involucradas. Ganar/Ganar significa que los acuerdos o soluciones son mutuamente beneficiosas, mutuamente satisfactorios. Con una solución ganar/ganar todas las partes se sienten bien por la decisión que se tomó Cuando tenemos esta mentalidad, vemos la vida en un escenario de cooperación y no de competencia. La mayoría de las personas tienden a pensar en términos de dicotomía; fuerte o débil, rudo o suave, ganar o perder. Este tipo de pensamiento es fundamentalmente defectuoso. Se basa en el poder y la posición y no en principios. Este tipo de mentalidad es perjudicial. Si queremos tener éxito en esta industria debemos hacer un cambio de paradigma. Hay que cambiar el paradigma de empresario a empleado por el de empresario a empresario ya que cada asociado nuestro es igual, son empresarios como nosotros. Cuando manejamos nuestro poder o posición como si fuéramos jefes y tratamos a todos como empleados, estos se sentirán presionados y que se le está coartando la libertad. Trate a todos de igual a igual, son empresarios no jefes Es aquí donde la mentalidad ganar/ganar cobra una gran importancia donde no se trata del éxito mío, sino del éxito de nosotros, donde el beneficio mutuo es el objetivo final. Ganar/ganar se basa en la mentalidad de que hay mucho para todos, de que el éxito de una persona no se logra a expensas o excluyendo el éxito de otros.

Seis Paradigmas de la Interacción Humana

Ganar – Ganar

"Encontraremos una solución que funcione para ambos".

Las personas que eligen ganar y se aseguran de que otros también ganen, practican ganar-ganar. Buscan soluciones que les hagan felices y al mismo tiempo satisfagan a los otros.

Características

- Busca el beneficio mutuo.
- Es cooperativo(a) y no competitivo(a).
- Escucha más, se mantiene en la comunicación por más tiempo y se comunica con más valor.

Ganar - Perder

"Te voy a vencer no importa lo que cueste".

Las personas con un paradigma ganar - perder se preocupan de sí mismas desde el principio hasta el fin. Quieren ganar y quieren que otros pierdan, logran el éxito a expensas de los demás o por la exclusión del éxito de otros; los impulsa la comparación, la competencia, la posición y el poder.

Características

- Tiende a ser un guión muy común en nuestra cultura.
- Es el acercamiento autoritario.
- Usa posición, poder, credenciales, posesiones o personalidad para lograr el "ganar".

Perder. Ganar

"Siempre salgo perdiendo".

Las personas que eligen perder o dejan que otros ganen, muestran alta consideración, pero les falta el valor para expresar y actuar sobre sus sentimientos y sus creencias. Se intimidan fácilmente y buscan fuerza de la aceptación y popularidad.

Características

- No expresa estándares, requerimientos o expectativas de los demás.
- Se precipita a complacer o calmar al otro.
- Oculta muchos sentimientos.

Perder – Perder

"Si yo me hundo, te hundes conmigo".

Las personas con un paradigma perder-perder tienen bajo valor y baja consideración, envidian y critican a los demás, se menosprecian a sí mismos y a los demás.

Características

- Es el esquema mental de una persona altamente dependiente.
- Es un 'no-ganar porque nadie se beneficia.
- Es el resultado a largo plazo de "ganar-perder" o de "ganar".

Ganar

"Si yo gano, no me interesa si tú ganas o pierdes".

Las personas con un paradigma de "ganar" sólo piensan en lo que quieren. Aunque no necesariamente quieren que otros pierdan, tienen la determinación de ganar. Piensan independientemente en situaciones interdependientes, sin ser sensibles o estar conscientes de los demás.

Características

- Está centrado(a) en sí mismo(a).
- Piensa "primero yo".
- No le importa realmente si la otra persona gana o pierde.

Ganar - Ganar o no hay trato

"Encontramos una solución que funcione para ambos o no hay trato".

Ganar-Ganar o no hay trato es la forma más elevada de ganar - ganar. Las personas que adopten este paradigma buscan primero ganar-ganar. Si no pueden encontrar una solución aceptable, acuerdan cordialmente estar en desacuerdo.

Características

- Permite a ambas partes decir no.
- Es la más realista al principio de una relación o de un trato de negocios.
- Es la forma más elevada de ganar-ganar.

Cinco Dimensiones de Ganar/Ganar

Pensar en ganar/ganar es el hábito del liderazgo interdependiente. Supones aprendizaje recíproco, influencia mutua, beneficios compartidos. El liderazgo interpersonal requiere visión, iniciativa proactiva y la seguridad, la guía, la sabiduría y el poder que provienen del liderazgo personal centrado en principios. El principio de ganar/ganar es fundamental para el éxito en todas nuestras interacciones con los demás y abarca cinco dimensiones.

1. Carácter e Integridad

Son como las raíces de un árbol, que lo sostiene. Así es el carácter y la integridad, sostienen la vida de un ser humano. Es la base para que las personas confíen en nosotros y se pueda llegar a un acuerdo ganar/ganar. Las personas integras son honradas, respetuosas con los demás, responsables y tienen un alto control emocional; son leales, disciplinados, puntuales y tienen firmeza en las acciones. Son personas que hablan con la verdad, hacen lo correcto por las razones correctas y del modo correcto. Cuando nuestra conducta es congruente con otros valores declarados y lo que decimos y hacemos va en la misma dirección con nuestras ideas somos íntegros.

2. Madurez

Es el equilibrio entre el coraje y la consideración. Si una persona puede expresar sus sentimientos y convicciones con coraje, equilibrando la consideración por los sentimientos y las convicciones del otro, se trata entonces de alguien maduro. Mientras que el coraje puede centrarse en conseguir los resultados, la consideración tiene que ver con el bienestar a largo plazo de las otras personas. Para recurrir a ganar/ganar uno no solo ha de ser amable, tiene que ser valiente. No solo se debe experimentar empatía, sino confianza en sí mismo. No ha de ser solo considerado y sensible, sino también valiente. Lograr el equilibrio entre coraje y consideración es la esencia de la madurez real. Si tengo una puntuación alta en coraje y baja en consideración, el resultado será ganar/perder. Tendré valor de mis convicciones, pero poca consideración con las convicciones del otro, si tengo una puntuación alta en consideración y baja en coraje pensare en perder/ganar; tendré tanta consideración por las convicciones y deseo del otro, que me faltará coraje para expresar y actualizar los míos propios. Alto coraje y alta consideración son esenciales con una mentalidad ganar/ganar.

3. Mentalidad de la abundancia

Es la mentalidad de que en el mundo hay para todos. La mentalidad de escasez es lo contrario, ven la vida como si hubiera poca cosa. La persona con mentalidad de escasez se siente mal si tienen que compartir reconocimiento y mérito, poder o beneficios, incluso aunque sea con quienes los ayuden en la producción. También se sienten mal ante el éxito de los demás. Cuando alguien recibe un reconocimiento especial, una ganancia inesperada o alcanza la meta, casi les parece que se lo han arrebatado a ellos. Aunque se manifiestan felices por el éxito de los demás, por dentro la envidia les corroe. Su sentido de propia valía proviene de la competencia. Siempre están comparando, siempre están compitiendo. Dedican su energía en lograr la posesión de cosas. Para aumentar su sensación de valía, se rodean de individuos que solo le dicen "Si", porque no los desafiarán, son más débiles que ellos.

¿Esquema Mental de Abundancia o de Escasez?

Si usted no tiene una base firme en la Victoria Privada, le será muy difícil pensar en Ganar-Ganar.

4. Relaciones

Sobre la base del carácter, construimos relaciones del tipo ganar/ganar. La confianza es la base de las buenas relaciones. Sin confianza, nos falta la credibilidad necesaria para la comunicación, el aprendizaje abierto, reciproco, así como para la creatividad real. Podemos efectuar depósitos en la cuenta bancaria emocional por medio de la cortesía, el respeto, el aprecio auténtico de las otras personas y del otro punto de vista.

Para fortalecer la relación entre usted y sus asociados en la red debemos considerar los siguientes puntos:

- Enfoque en sus sentimientos.
- Trátelos como miembros de una gran familia.
- Levánteles la moral.
- Muestre interés por lo que son, no por lo que puede obtener de ellos.
- Fortalezca la relación a través de los valores.
- Cree confianza mediante la integridad y honestidad.
- De un sentido de seguridad y credibilidad a través de la edificación.

La capacidad que tengamos de infundir, cultivar, desarrollar y recuperar la confianza con líderes, asociados y clientes es la clave del éxito. La confianza es un factor determinante para tener una empresa exitosa. Como empresarios debemos aprender a trabajar con el desarrollo de la confianza en cinco niveles:

♦ **Confianza Personal**

Comprende la confianza que tengamos en nosotros mismos y la capacidad de inspirar confianza en los demás. El principio fundamental para lograrlo es la credibilidad. La credibilidad que tengamos con los demás va a depender de la integridad, intención, capacidad y resultados.

♦ **Confianza en las relaciones**

Comprende el modo de establecer e incrementar la confianza con los demás. El principio fundamental para lograrlo es la conducta coherente.

Trece conductas coherentes de un empresario digital en las relaciones con los demás son:

1. Hablar claro.

2. Demostrar respeto.

3. Crear transparencia.

4. Corregir errores.

5. Mostrar lealtad.

6. Presentar resultados.

7. Mejorar.

8. Afrontar la realidad

9. Clarificar las expectativas.

10. Practicar la responsabilidad.

11. Escuchar primero.

12. Mantener los compromisos.

13. Ampliar la confianza.

♦ Confianza Organizacional

Comprende como los lideres generan confianza con organizaciones y el equipo que desarrollan. El principio fundamental para lograrlo está en el alineamiento, ayudar a los otros a crear estructuras, sistemas y símbolos de confianza organizacional.

♦ Confianza en el mercado.

Comprende la confianza que nuestros candidatos, socios y prospectos tengan credibilidad en lo que presentamos. El principio fundamental para lograrlo es la reputación. Un empresario digital es sinónimo de credibilidad, confianza y excelencia. La marca ejerce una importante influencia en la conducta y la lealtad.

♦ Confianza social

Comprende la creación de valores para otros y la sociedad. El principio fundamental para lograrlo es la contribución e inspiración a los demás para que también creen valor y contribuyan.

Ejemplos:

- Fundaciones
- Contribuciones Sociales
- Seminarios
- Aportación de entrenamientos para crecimiento personal y social.

5. Acuerdos

De las relaciones derivan los acuerdos que dan definición dirección al ganar/ganar. En un acuerdo ganar/ganar hay cinco elementos que están explicito en un acuerdo.

Cree Acuerdos Ganar-Ganar

Elementos de un acuerdo Ganar - Ganar efectivo:

<u>Resultados:</u>

¿Cuál es mi objetivo?

¿Cuáles son los resultados que deseo?

<u>Guías:</u>

¿Qué reglas sigo?

¿Cuáles son los principios para lograr los resultados?

<u>Recursos:</u>

¿Con qué recursos cuento para trabajar

(Ej. Personas, dinero, herramientas, materiales, tecnología)?

<u>Rendición de Cuentas:</u>

¿Cómo mediremos nuestro avance?

<u>Consecuencias:</u>

¿Cuáles son las consecuencias positivas de lograr el resultado?

¿Cuáles son las consecuencias negativas de no lograrlo?

Sistemas y Procesos

La filosofía de ganar/ganar solo puede sobrevivir en una organización cuando los sistemas le brindan sustento. El sistema de adiestramiento, el sistema de planificación, el sistema de comunicación, el sistema presupuestario, el sistema informativo y el sistema de recompensa; todos deben estar alineados con el principio de ganar/ganar.

Hay cuatro pasos que podemos dar para buscar soluciones ganar/ganar a los conflictos:

1. Contemplar el problema desde otro punto de vista. Procurar realmente comprender y dar atención a las necesidades y preocupaciones de la otra parte.

2. Identificar las cuestiones claves implícitas (y no los puntos de vista).

3. Determinar qué resultados constituirán una solución totalmente aceptada.

4. Identificar nuevas opciones posibles para alcanzar esos resultados.

En resumen, la filosofía de ganar/ganar no es una técnica de personalidad. Es un paradigma de interacción total. Proviene de un carácter integro y de la mentalidad de abundancia. Surge de relaciones en las que existe una alta confianza. Se materializa en acuerdos que clarifican y administran efectivamente tanto las expectativas como el éxito. Prosperan en sistemas que brindan sustento y se realizan mediante procesos.

Hábito 5

Procure Primero Comprender y Después Ser Comprendido

Como empresario digital nuestra empresa está constituida por personas. Procurar primero comprender y después ser comprendido es uno de los principios fundamentales en la comunicación. La aptitud para la comunicación es determinante en la vida de un ser humano. Pasamos años aprendiendo a leer y escribir, años aprendiendo a hablar, pero no nos han enseñado a escuchar de tal modo que comprendamos real y profundamente al otro ser humano en términos de su propio marco de referencia individual. Cuando real y profundamente nos comprendemos unos a otros, abrimos las puertas que dan paso a soluciones creativas y terceras alternativas. Nuestras diferencias ya no constituyen obstáculos para la comunicación y el progreso.

A través de los años he observado que una de las causas principales de los problemas y dificultades que se presentan en cualquier emprendimiento, se originan como consecuencia de una comunicación pobre y defectuosa. Esta mala comunicación fragmenta las relaciones entre los miembros involucrados, lo cual origina desconfianza, inseguridad, la falta de credibilidad y las actitudes negativas que deterioran y paralizan el crecimiento. Es aquí que la aplicación de este quinto hábito cobra suma importancia en un negocio Digital.

PARADIGMA

- **Inefectivo: Escucho con la intención de responder.**
- **Efectivo: Escucho con la intención de entender.**

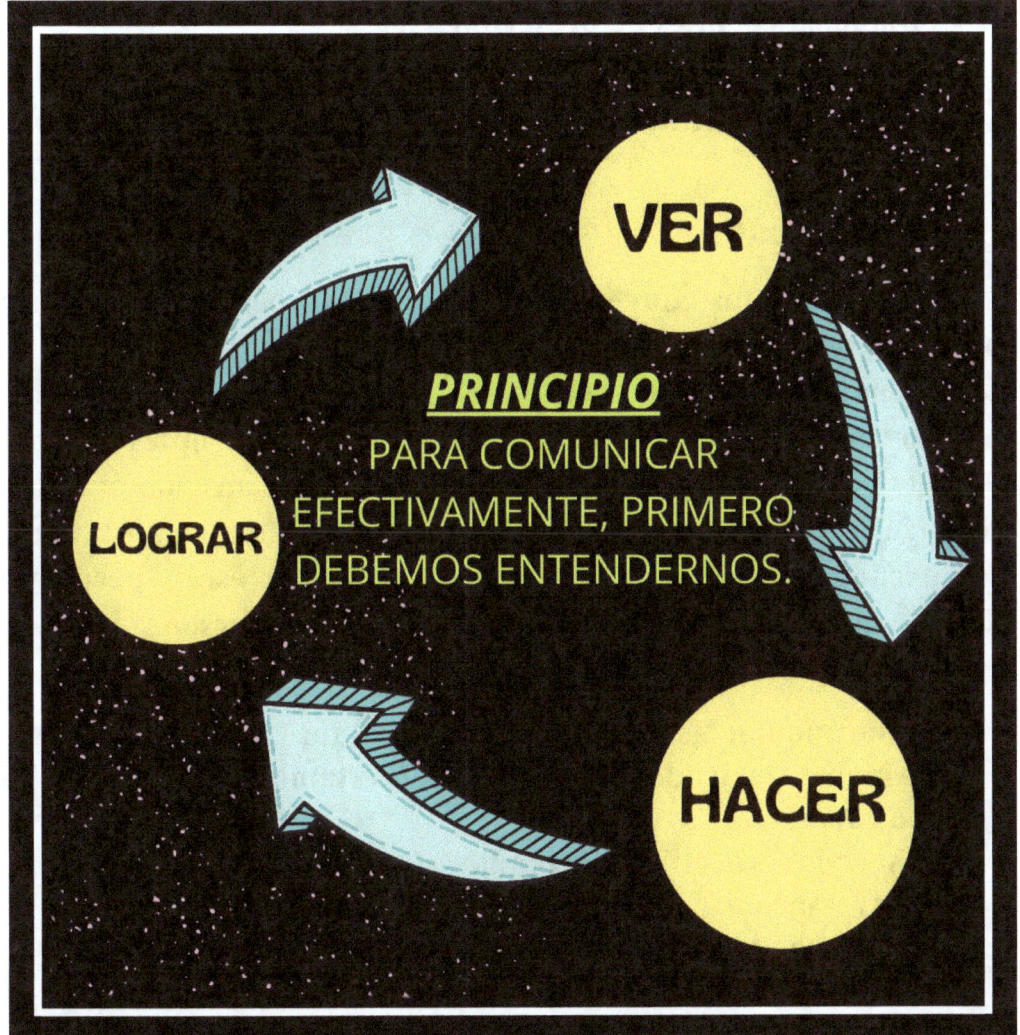

Resultado

- **Mayor influencia con los demás.**
- **Soluciones de problemas complejos.**

- Claridad en temas relevantes.
- Solución más rápida de problemas.

Conducta

- Diagnostico antes de prescribir.
- Escuche con empatía.
- Busque ser entendido desde la perspectiva de la otra persona.

Escucha Empática

Lo típico en una conversación es que las personas procuran primero ser comprendidos. No escuchan con la intención de comprender, sino para contestar. Esto es lo que ocurre con muchos de nosotros, estamos llenos de nuestras propias razones, de nuestros propios paradigmas. Queremos que nos comprendan. Nuestra conversación se convierte en un monólogo y nunca comprendemos realmente lo que realmente está sucediendo dentro de la otra persona. Cuando la otra persona habla lo escuchamos en uno de cuatro niveles:

1. ignorándolo: No escuchando en absoluto.
2. Fingir: Haciéndolo entender que estamos escuchando "Si, ya correcto... "
3. Escucha selectiva: Oyendo solo ciertas partes de la conversación.
4. Escucha Alerta: Prestando atención y centrando nuestra energía en las palabras que se pronuncian.

Pero muy pocos se sitúan en el Quinto nivel que es la forma de escuchar más elevada: "La escucha empática".

Ideograma chino Tradicional "escuchar con un corazón virtuoso"

Empatía no es simpatía. La simpatía es una forma de acuerdo, una forma de juicio. A menudo la gente se nutre de la simpatía, lo cual lo hace dependiente. La esencia de la escucha empática no consiste en estar de acuerdo, consiste en comprender profunda y completamente a la otra persona, tanto emocional como intelectualmente. La escucha empática incluye mucho más que registrar, reflejar o incluso comprender las palabras pronunciadas.

Los experimentos que se han hecho en comunicación reflejan que, en realidad, solo el 7% de la comunicación está representada con palabras. Un 55% es lenguaje corporal y expresiones faciales y un 38% en como decimos las palabras, el tono de voz y el estilo.

Los Elementos de Escuchar con Empatía

Escuchar con empatía es reflejar en sus propias palabras lo que una persona siente y dice. En la escucha uno escucha con los oídos, pero también (y esto es más importante) con los ojos y con el corazón. Se escuchan los sentimientos y los significados. Se escucha la conducta Usted percibe, intuye, siente. La escucha empática es tan poderosa que proporciona datos precisos. En lugar de proyectar nuestros propios paradigmas y dar por supuestos ciertos pensamientos, sentimientos, motivos e interpretaciones, abordamos en realidad que está dentro de la cabeza y el corazón de la otra persona.

Escuchando para comprender. Esto es la clave para efectuar depósitos en la cuenta bancaria emocional. Pero si los esfuerzos para escuchar la otra persona los percibe como manipulativos, intimidatorios, interesados o arrogantes se convierte en un retiro emocional de la cuenta bancaria.

Diagnosticar Antes de Prescribir

Si uno no tiene confianza en el diagnóstico, tampoco tendrá confianza en la prescripción. Un empresario digital efectivo procura primero comprender las necesidades de los demás, las preocupaciones y la situación de sus clientes potenciales. El empresario aficionado vende productos, el desarrollador profesional vende soluciones a las necesidades. El enfoque es totalmente diferente. El profesional aprende a diagnosticar y a comprender. Si uno empieza por juzgar nunca podrá comprender.

Cuatro Respuestas Autobiográficas

Escuchamos en términos autobiográficos, por lo cual respondemos de cuatro modos:

1. Evaluación: estamos de acuerdo o no.

2. Sondeo: Formula preguntas partiendo de nuestro propio marco de referencia. El sondeo controla e invade a través de preguntas. Es lógico y el lenguaje de la lógica es diferente al lenguaje de los sentimientos y de la emoción.

3. Consejo: Es aconsejar sobre la base de nuestra experiencia.

4. Interpretación: Tratamos de descifrar a alguien en sus motivos, su conducta sobre la base de nuestros propios motivos y conductas.

No se puede penetrar verdaderamente en otra persona, ver el mundo como ellos lo ven, mientras no se desarrolle el deseo genuino de hacerlo. En las habilidades, la comunicación empática es el fundamento.

Hay cuatro focos de la escucha empática:

1. Imitar el contenido: La base es escuchar las palabras del otro y respetarlas. Ni siquiera es necesario emplear el cerebro.

2. Personificar el contenido.

3. Refleja sentimientos.

4. Parafrasear el contenido y reflejar el sentimiento.

Cuando uno procura auténticamente comprender, al parafrasear el contenido y reflejar sentimientos, proporciona un aire psicológico a los demás. También ayuda al otro a elaborar sus propios pensamientos y sentimientos. A medida que crece su confianza en el deseo sincero que usted tiene de escucharlo y comprenderlo, va desapareciendo la barrera entre lo que realmente sucede dentro de él y lo que comunica. Nos abre el alma. Empieza a comunicarnos sus más íntimos sentimientos y pensamientos. La transformación no requiere ningún consejo externo. Cuando las personas tienen la oportunidad de abrirse, a menudo desenmarañan sus problemas, a menudo en el proceso se percibe con claridad la solución. Para enfatizar ni siquiera es necesario que se hable. De hecho, a veces las palabras son obstáculos. Las habilidades en la comunicación no serán efectivas a menos que surjan de un deseo sincero de comprender. Las personas experimentan resentimiento cuando se intenta manipular.

Comprensión y Percepción

Cuando se aprende a escuchar profundamente a otras personas, se descubren diferencias enormes en la percepción. Ahora bien, con todas nuestras diferencias, estamos tratando de funcionar juntos y con el objeto de administrar los recursos y obtener los resultados. ¿Cómo trascender los límites de nuestras percepciones individuales para poder comunicarnos con profundidad, abordar cooperativamente las situaciones y emerger con soluciones ganar/ganar?

Después ser Comprendido

Primero procure comprender y después ser comprendido. Saber ser comprendido es la otra mitad del quinto hábito, igualmente esencial para lograr la solución ganar/ganar. Ya hemos definido la madurez como el equilibrio entre el coraje y la consideración. Procurar comprender requiere consideración, propiciar ser comprendido exige coraje.

La mayor parte de las personas en su exposición van directamente a lo lógico. Tratan de convencer a los otros con la validez de la lógica, sin tener primero en cuenta la relación. Esta es una de las razones por la cual a muchos se les hace difícil conectar con sus clientes potenciales o con sus nuevos asociados ya que todo el tiempo están usando el argumento de la lógica para tratar de convencerlos. Esto hace que el cliente o asociado ponga bloqueo mental y no acepte lo que le estamos hablando. Por eso el fundamento inicial es establecer la relación para que la persona se sienta confiada de aceptar la información que le estamos dando. Utilice historias como marco de referencia para que el mensaje pueda llegar de una forma emocional.

Persona a persona

Muchos factores de las situaciones interpersonales están en el círculo de preocupación: problemas, desacuerdos, circunstancias, la conducta de otras personas. Y si concentramos nuestra energía allí afuera, la agotaremos teniendo pocos resultados. Pero siempre se puede procurar primero comprender. Esto está dentro de nuestro control. Al hacerlo centrándose en el círculo de influencia, uno comprende profunda y verdaderamente a la otra persona. Este es el enfoque de adentro hacia afuera y dejarse influir es la clave para influir a otros. Cuando más

1

profundamente comprendemos a las otras personas, más las apreciamos, más respeto tenemos por ellos. Tocar el alma de otro ser humano es caminar por la tierra sagrada. Dedique tiempo a reunirse con la gente, escúchelos y compréndalos. Establezca sistemas de información que les permita una retroalimentación honesta y precisa de las personas en los diferentes niveles de su negocio.

Hacer que el elemento humano sea tan importante como los factores económicos y técnicos. Cuando uno escucha, aprende y les proporciona un aire psicológico a las personas, inspiramos lealtad que va más allá de las exigencias físicas del negocio. Procure primero comprenderlos, antes de pretender evaluar y prescribir las soluciones, antes de tratar de exponer las propias ideas. Cuando real y profundamente nos comprendemos unos a otros, abrimos las puertas a soluciones creativas y terceras alternativas. Nuestras diferencias ya no constituyen obstáculos para la comunicación y el progreso.

Hábito 6

La Sinergia

¿Qué es Sinergia? Significa que el todo es más que la suma de las partes. Es la verdadera puesta a prueba y manifestación de todos los hábitos reunidos. Es la esencia del liderazgo transformada. Es la esencia de la transformación. Cataliza, unifica y libera las más grandes energías del interior de la persona. Las personas altamente sinérgicas tienen un espíritu de aventura y creatividad, esto requiere una enorme seguridad interior. Uno se convierte en explorador, en pionero que marca el camino; abre nuevas posibilidades, nuevos territorios, nuevos continentes y otros pueden seguirlo.

El desafío consiste en aplicar en nuestras interacciones sociales los principios de la cooperación creativa que nos enseña la naturaleza. Si unimos dos trozos de madera, podrán sostener un peso mucho mayor que la suma de los pesos que sostienen ambos trozos separadamente. La energía de la sinergia consiste en valorar las diferencias, respetarlas, compensar las debilidades, construir sobre la fuerza.

¿Podría LOS 7 HÁBITOS DE UN EMPRESARIO DIGITAL a través de la sinergia de MI entrega crear un Nuevo guión para la próxima generación? Eso es lo que estoy, y estado haciendo hace más de una década. A través de los principios y valores que están representados en el sistema y el modelaje de estos como parte integral de nuestras vidas, podemos crear una próxima generación más dedicada al servicio y de contribución menos egoísta; con un guión más abierto, más generoso y confiado; un guión más afectuoso y comprensivo, menos defensivo, posesivo y crítico.

PARADIGMA

- Inefectivo: O es a tu manera, o a la mía o es en compromiso.
- Efectivo: Juntos podemos crear una mejor manera, una manera más elevada.

Resultado

- Innovación e Invención.
- Nuevas y Mejores soluciones.

- Relaciones renovadas.
- Tomar en cuenta diversas perspectivas.

Conducta

- Valore y celebre las diferencias.
- Practique la cooperación creativa.

SINERGIZAR ES:	SINERGIZAR NO ES:
Energía positiva, orientada aresultados.	Una lluvia de ideas desordenada que no lleva a ninguna parte.
Examinar, explorar y buscar diferentes perspectivas con suficiente apertura para cambiar o completar su paradigma.	Aceptar las ideas de los demás como la verdad "unica".
Cooperación GANAR/GANAR.	Competencia Ganar-Perder.
Tener un fin en mente mutuamente acordado.	Pensamiento de grupo (ceder a las presiones de los demás).
Altamente efectivo y vale el esfuerzo.	Siempre fácil.
Un proceso disciplinado.	Simplemente una Técnica de negociación.

Comunicación Sinérgica

Cuando uno se comunica con sinergia, simplemente abre su mente. su corazón y sus expresiones a nuevas posibilidades, nuevas alternativas, nuevas opciones. Al comprometernos en una comunicación sinérgica uno no está seguro de como saldrán las cosas o cual será el resultado, pero interiormente experimentamos una sensación de entusiasmo, seguridad, de aventura; confiamos en que todo será mejor después del proceso. Y ese es el objetivo en el que pensamos. Esa fue la experiencia que viví en los comienzos, cuando nació Mi Deseo De Ser Un Empresario Digital. La sinergia que se creó entre cada miembro del equipo nos dio esperanza, confianza y seguridad de que juntos lo podíamos lograr. Nuestra creatividad, nuestra comunicación franca y abierta; creó una gran sinergia entre los miembros del equipo que nos llenó de pasión y entusiasmo.

Esto fue lo que permitió que un veterinario, un guardia de seguridad, una empleada doméstica, un carpintero, una ama de casa y un vendedor de filtro crearan la organización de mayor impacto social en sus diversos negocios Digitales, (cursos de marketing Digital, inversiones digitales, redes de mercadeo, criptoactivos, bienes y raíces, acciones de bolsa de valores, trading, creación de e-book). La liberación de energía creadora fue increíble. Después de haber experimentado esta sinergia real no volvimos a ser los mismos, nos transformó en lo que hoy somos. Muchas personas nunca han experimentado ni siquiera un grado moderado de sinergia en su interacción con otros. Su adiestramiento y sus guiones los han programado para la comunicación protectora y defensiva. Esta es la razón por la cual hay personas con mucho conocimiento de estas formas de negocios, pero no logran el crecimiento de sus negocios, debido a estos guiones defectuosos que no le permiten interactuar con otros en un ambiente sinérgico. La naturaleza misma de estos negocios requiere de un ambiente sinérgico entre los miembros para que esta se pueda multiplicar. Este espíritu de equipo donde la gente coopera en un grado inusualmente alto, ahogando su ego y el orgullo y con humildad poderse apalancar con todo lo que las otras personas están aportando al equipo. Esto provoca resultados que parecen milagrosos. Experimentar la sinergia es más poderoso que hablar sobre ella, producir algo nuevo es mucho más significativo que leer un texto o que la mera teoría. En el inicio, para poder crear un ambiente sinérgico requiere un considerable coraje para afrontar algunas verdades individuales y organizacionales. Debe haber un genuino deseo de expresar estas verdades. Cuanto más auténtico se vuelve uno, cuanto más auténtico es su expresión acerca de sus experiencias personales e incluso de las dudas sobre sí mismo, tanto más las personas pueden relacionarse con esa experiencia y a su vez se sienten más seguros para expresar lo que sienten. Esa expresión se vierte sobre el espíritu de las otras personas y se produce una auténtica empatía creadora, que origina nuevas comprensiones y aprendizajes y una sensación de entusiasmo y aventura que mantiene el proceso en marcha. Entonces las personas empiezan a interactuar entre si produciéndose la sinergia multiplicadora.

LOGRAR LA SINERGIA

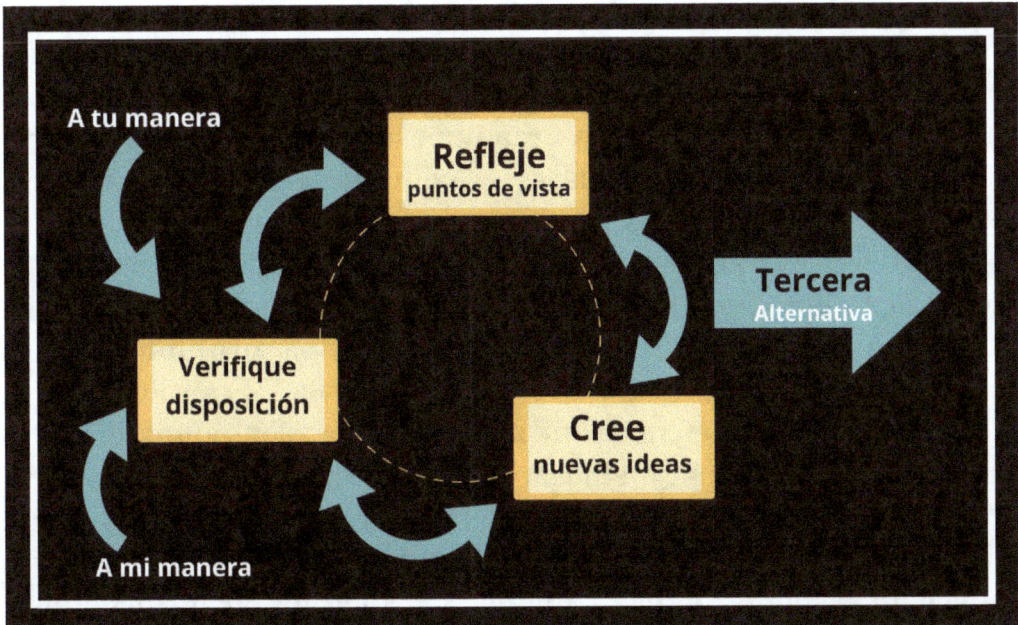

Sinergia y Comunicación

La sinergia es estimulante, La creatividad es estimulante. Es extraordinario lo que puede producir la comunicación. El diagrama siguiente ilustra la relación que hay entre los niveles de confianza y cooperación con relación al tipo de comunicación.

El nivel inferior de la comunicación en las situaciones de baja confianza se caracteriza por la actitud defensiva y auto protectora. Este tipo de comunicación solo produce gano/pierdo o pierdo/gano. No es efectivo y crea nuevas razones para defender y proteger. La posición media es la comunicación respetuosa, En este nivel interactúan las persones maduras. Se respetan entre sí, pero quieren evitar las posibles confrontaciones desagradables: se comunican con diplomacia, pero no con empatía. Se entienden en un plano intelectual, pero no hay una visión profunda de sus propios paradigmas. Se puede lograr la Transacción, la comunicación no defensiva ni amenazadora o manipuladora, es honesta auténtica y respetuosa. Pero no es creativa, ni sinérgica. Produce una forma devaluada del ganar/ganar. En la posición sinérgica de alta confianza produce soluciones de terceras alternativas ganar/ganas; donde la sinergia transformadora estimula la creatividad. Se comunican en ambas direcciones hasta que aparece una solución con la que ambos se sienten bien y que es mejor que cualquiera de las propuestas originales. No se trata de transacción, sino de una transformación.

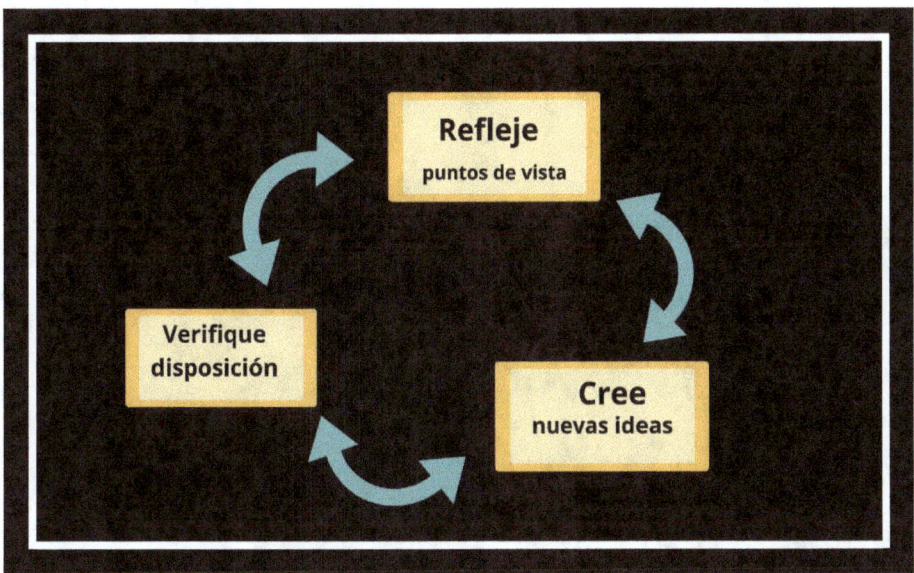

Sinergia Negativa

En personas con sinergia negativa la energía se consume en hablar de las cosas que hace mal el otro, en la rivalidad, los conflictos Interpersonales, la manipulación, la comunicación protectora y la lucha por el dominio. Es como manejar un automóvil con un pie en el acelerador y el otro en el freno. En los Negocios Digitales este tipo de personas son un cáncer que deteriora la energía, el enfoque y las expectativas de los miembros de la red. No caiga en el círculo de influencia de este tipo de persona porque el precio a pagar es muy alto, es el fracaso.

HÁBITO 7

AFILE LA SIERRA

Hábito 7

Afile la Sierra

El séptimo hábito consiste en tomar tiempo para afilar la sierra. Tiene que ver con CP (Capacidad de producción), significa preservar y realizar el mayor bien que usted tiene: Usted mismo. Significa renovar las cuatro dimensiones, de su naturaleza: física, espiritual, mental y social/emocional.

- Física: Ejercicio, Nutrición, y control de estrés.
- Emocional/ Social: Servicio, Empatía, Sinergia, Seguridad Intrínseca.
- Espiritual: Clasificación de los valores, Compromiso con los valores, Estudio, y Meditación.
- Mental: Leer, Visualizar, Planificar, Escribir.

" Afilar la sierra" supone ejercer las cuatro dimensiones de nuestra naturaleza, regular y congruentemente, de manera sabia y equilibrada. Para hacerlo, tenemos que ser proactivos. Debemos tener una adicción sana a estas cuatro dimensiones de la vida. Como las cuatro están en el centro de nuestra influencia, nadie puede hacer por nosotros. La inversión más poderosa en la vida es invertir en nosotros. Somos los instrumentos de nuestra propia ejecución y para ser efectivos debemos reconocer la importancia de dedicar tiempo regularmente a afilar nuestra sierra.

Dimensión Física

El ejercicio físico es una de las actividades más altamente potenciadoras y que la mayoría de nosotros no realizamos sistemáticamente. Como no lo hacemos, tarde o temprano nos encontramos afrontando problemas y crisis de salud, La mayoría pensamos no tener tiempo para hacer ejercicio. Una forma de pensar más distorsionada. Las tres áreas de mantenimiento corporal son: resistencia, flexibilidad y fuerza.

- ◆ Resistencia: se obtiene con ejercicios aeróbicos y proviene de la eficiencia cardiovascular (caminar rápido, correr, correr bicicleta, nadar.)

♦ Flexibilidad: se logra mediante el ejercicio de estiramiento. Antes del ejercicio y después de este.

♦ Fuerza: Se consigue con ejercicios de tensión muscular como las pesas.

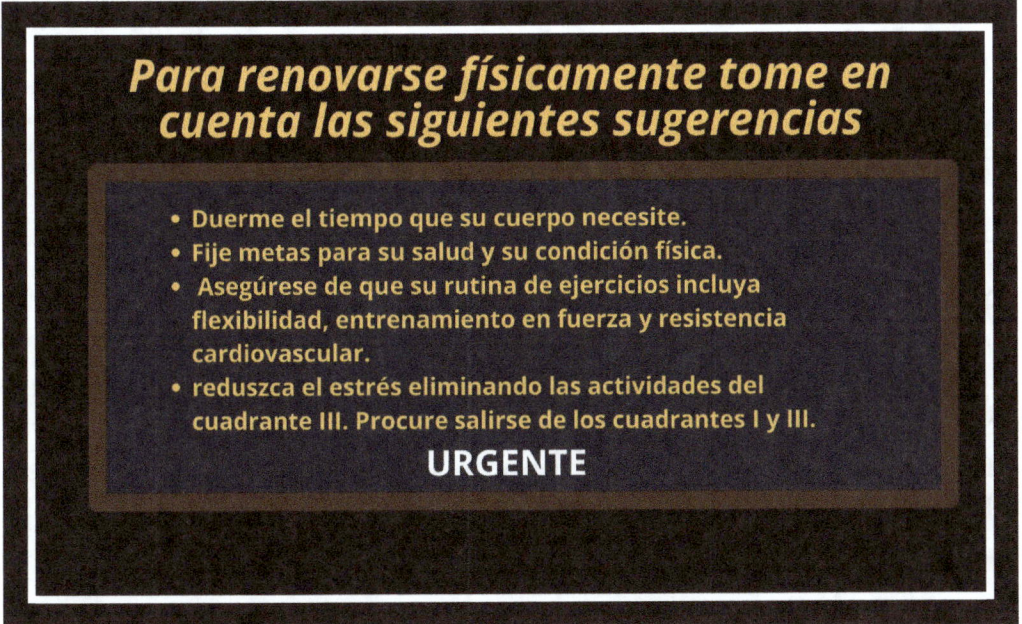

Dimensión Espiritual

La renovación de la dimensión espiritual proporciona liderazgo a muestra propia vida. La dimensión espiritual es nuestro núcleo nuestro centro, el compromiso con nuestro sistema de valores, un área muy privada de la vida, de importancia suprema. Cuando leo la palabra y medito me siento renovado, fortalecido, centrado, vuelvo a comprometerme con el servicio. Algunos obtienen la renovación espiritual en la literatura, la música; otros en la naturaliza. La naturaleza otorga bendiciones a quienes se entregan a ella. Cuando uno puede abandonar el ruido y el caos de la ciudad y compartir la armonía y el ritmo de la naturaleza se siente renovado. La renovación espiritual exige que se le dedique tiempo. La oración no es una obligación mecánica sino una fuente de poder que permite liberar y multiplicar la energía. Si tengo una compresión profunda de mi centro de influencia y mi propósito, puedo repasarlo y volver a comprometerme con él frecuentemente. Cuando dedicamos tiempo a sumergirnos en el centro de liderazgo de nuestras vidas, este centro se despliega como un paragua y cubre todo lo demás. Nos renovamos, nos refrescamos, sobre todo volvemos a comprometernos con él. En el enunciado esta área espiritual queda cubierta cuando con organización, nos comprometemos en hacer una diferencia en la vida de las personas brindándole una oportunidad real de crecimiento personal, contribución social y de lograr la independencia financiera.

La Dimensión Mental

En su mayor parte, nuestro desarrollo mental y una disciplina para el estudio proviene de la educación formal. Pero en cuanto nos liberamos de la escuela, muchos dejamos que nuestras mentes se atrofien. Abandonamos lectura de temas que nos ayudan a crecer, no exploramos con profundidad los temas que se refieren a nuestro campo de acción, dejamos de pensar analíticamente y de escribir.

Dimensión Social/Emocional

Mientras que las dimensiones físicas espiritual y mental están estrechamente relacionados con los hábitos I, II, y III, centrados en los principios de la visión, el liderazgo y la administración personal; la dimensión social, emocional se enfoca en los hábitos IV, V y VI centrados en los principios del liderazgo interpersonal, la comunicación empática y la cooperación creativa.

Las dimensiones social y emocional están ligadas entre si porque nuestra vida emocional se desarrolla a partir de nuestra relación con los demás. Si nuestra seguridad personal proviene de fuentes que están dentro de nosotros, tendremos la fuerza necesaria para poner en práctica los hábitos de las victorias públicas. ¿De dónde nos puede llegar la seguridad interior? No proviene de lo que las otras personas piensan de nosotros, ni de la manera en que nos tratan. No proviene de la programación de lo que hemos sido objetos. No proviene de las circunstancias, ni de nuestra posición; viene de adentro, de los paradigmas precisos y los principios correctos. Se logra seguridad cuando uno interactúa auténtica, creativa y cooperativamente con las otras personas. Hay una seguridad interior que surge del servicio, del hecho de ayudar a otros de modo significativo. Lo que importa es hacer felices las vidas de otras personas. El motivo es la influencia no el reconocimiento.

Programando a Otros

La mayor parte de las personas dependen del espejo social, son programados por las opiniones, las percepciones, los paradigmas de la gente que los rodea. Podemos optar por reflejar para los otros una visión clara y no distorsionada de su propio ser. Podemos afinar su naturaleza proactiva y tratarlos como personas responsables. Esta será una de las tareas más importantes a realizar como mentor de las personas. Muchas personas entran con problema de baja autoestima, auto imagen, con problemas sociales que los han llevado a pensar que no son capaces de tener éxito en la vida.

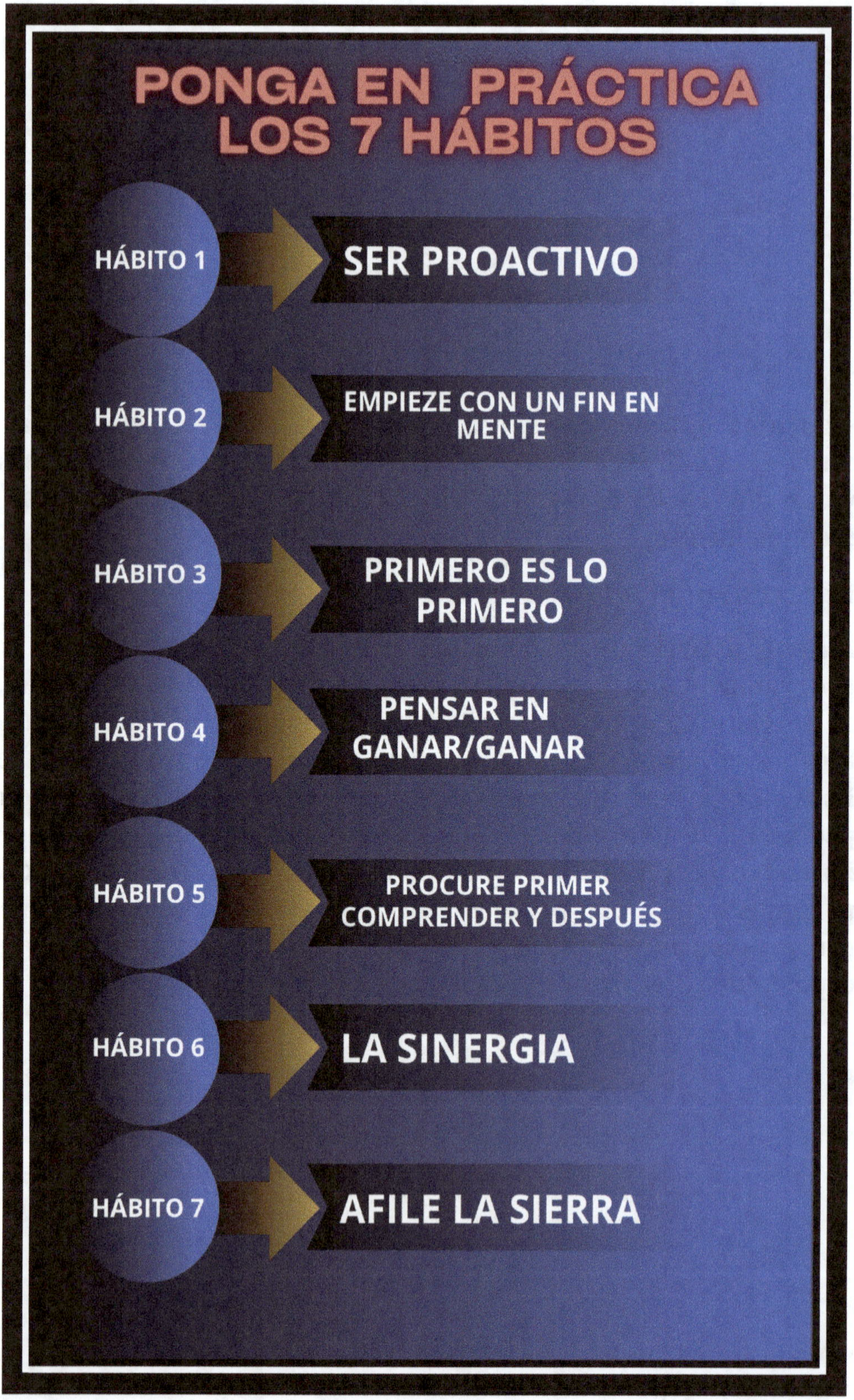
PONGA EN PRÁCTICA
LOS 7 HÁBITOS
HÁBITO 1
SER PROACTIVO
HÁBITO 2
EMPIEZE CON UN FIN EN MENTE
HÁBITO 3
PRIMERO ES LO PRIMERO
HÁBITO 4
PENSAR EN GANAR/GANAR
HÁBITO 5
PROCURE PRIMER COMPRENDER Y DESPUÉS
HÁBITO 6
LA SINERGIA
HÁBITO 7
AFILE LA SIERRA

Convierta estos 7 hábitos en parte de su práctica diaria en la construcción de su Negocio Digital. Debes repetirlos y repetirlos hasta que lo haga instintamente, automáticamente y formen parte de su Ser. Es en este punto donde los hábitos se convierten en parte de su SER; llevándolo a sentir, pensar y actuar como EMPRESARIO DIGITAL.